福井俊彦編

弘仁格の復原的研究

民部上篇

吉川弘文館刊行

目次

凡例
本文篇……一
弘仁格式の編纂・施行関係史料……三二
略校異……二五九
弘仁格民部上の配列……二六三
格式研究の成果と課題……二六九
史料編年索引……三一七
あとがき……三三五

凡例

一、本書は、弘仁民部格の復原及び研究を目的とし、弘仁格抄に依拠して、格抄に該当する格と、格の関連史料、解説、参考文献等を収めたものである。

一、格の番号は、最初に弘仁格抄の通し番号を付し、ついで篇目ごとの番号を付した。例えば、226〔民上1〕、253〔民上28〕のごとくである。

一、弘仁格抄は、新訂増補国史大系本に準拠し、あわせて東京大学史料編纂所蔵の同影写本をも参照し、原則として常用漢字に改めた。

一、格本文の底本には、新訂増補国史大系本類聚三代格を用い、原則として常用漢字に改めた。

一、諸本との異同の多くはこれを省略し、底本とした新訂増補国史大系本類聚三代格の頭注に注記のないもの、及び格文理解上重要と思われるものを中心に、略校異とした。

一、関連史料は、まず、弘仁格文と関係のある続日本紀等の記事や、弘仁格文を引くものを収めた。つぎに、格の内容やその性格を知るために必要であると思われる史料を掲げ、その内容に応じ、便宜A・B・C等に分類し、かつ、おおむね時代順に配列し、さらに原則として見出しをつけた。ただし、Aは格にかかわる律令の規定であるが、対応する律令条文がない場合は、Aは省略した。また、最後に格と式との関係を明らかにするために、弘仁式、延喜式等を掲げた。

一、解説は、格のもつ性格や編纂した弘仁格としての意味を中心とし、格発布に至る経緯及び各格に関する研究史等を記した。その際、式との関係が推定できるものは、できる限りその点にも触れた。

一、参考文献は、格の理解に関して通説的見解とされているもの、及び最近の研究を中心に掲げた。

本文篇

226〔民上1〕勅　延暦五年四月十一日

『類聚三代格』巻七　牧宰事

勅、諸国所貢調庸支度等物、毎有未納交闕国用、積習稍久為弊已深、良由国宰郡司逓相怠慢、遂使物漏民間用乏官庫、又其莅政治民多乖朝委、廉平称職百不聞一、瀉民潤身十室而九、忝曰官司豈合如此、宜量其状迹随事貶陟、其政績有聞執掌無廃者、亦当甄録擢以顕栄、所司宜詳沙汰明作条例奏聞、主者施行、

延暦五年四月十一日

227〔民上2〕太政官謹奏委細略之　同（延暦五）年同（四）月十九日

『類聚三代格』巻七　牧宰事

太政官謹奏

一撫育有方戸口増益　　一勧課農桑積実倉庫

一貢進雑物依限送納　一粛清所部盗賊不起
一剖断合理獄訟無寃　一在職公平立身清慎
一且守且耕軍粮有儲　一辺境清粛城隍修理

右国宰郡司鎮将辺要等官、到任三年之内、政治灼然、当前件二条已上者、伏望、五位已上者量事進階、六位已下者擢之不次授以五位、

一在官貪濁処事不平　一肆行姦猾以求名誉
一畋遊無度擾乱百姓　一嗜酒沈湎廃闕公務
一公節無聞私門日益　一放縦子弟請託公行
一逃失数多克獲数少　一統摂失方戍卒違命

右同前群官不務職掌、仍当前件一条已上者、伏望、不限年之遠近解却見任、其違乖撫育勧課等条者、亦望准此、

伏奉今月十一日　勅、諸国調庸支度等物、毎有未納交闕国用、又群官政績多乖朝委、雖加戒諭曾無改革、如不黜陟何以勧阻、所司宜作条例奏聞者、臣等商量所定具如前件、謹録事状伏聴　天裁、謹以申聞、謹奏、

延暦五年四月十九日

奉勅、依奏、

○『続日本紀』延暦五年四月庚午（十一日）条

詔曰、諸国所貢、庸調支度等物、毎有未納、交闕国用、積習稍久、為弊已深、良由国宰郡司逓相怠慢、遂使物漏民間用乏官庫、又其莅政治民、多乖朝委、廉平称職、百不聞一、侵漁潤身、十室而九、忝曰官司、豈合如此、宜量其状迹、随事貶黜、其政績有聞、執掌無廃者、亦当甄録擢以顕栄、所司宜詳沙汰、明作条例奏聞、於是、太政官商量、奏其条例、撫育有方戸口増益、勧課農桑積実倉庫、貢進雑物依限送納、粛清所部盗賊不起、剖断合理獄訟無寃、在職公平立身清慎、且守且耕軍粮有儲、辺境清粛城隍修理、若有国宰郡司、鎮将辺要等官、到任三年之内、政治灼然、当前二条已上者、五位已上者量事進階、六位已下者擢之不次、授以五位、在官貪濁処事不平、肆行姦猾以求名誉、畋遊無度擾乱百姓、嗜酒沈湎廃闕公務、公節無聞私門日益、放縦子弟請託公行、逃失数多克獲数少、統摂失方戍卒違命、若有同前群官不務職掌、仍当前一条已上者、不限年之遠近、解却見任、其違乖撫育勧課等条者、亦望准此而行之、奏可之、

A　令の規定

①考課令3〜6善条

徳義有聞者、為一善、

清慎顕著者、為一善、

公平可称者、為一善、

恪勤匪懈者、為一善、

②考課令46・47最条

強済諸事、粛清所部、為国司之最、謂介以上、無有愛憎、供承善成、為国掾之最、

③考課令54国郡司条

凡国郡司、撫育有方、戸口増益者、各准見戸、為十分論、加一分、国郡司謂掾及少領以上、各進考一等、毎加一分、進一等、増戸、謂増課丁、率一丁、同一戸法、毎次丁二口、中男四口、不課口六口、各同一丁例、其有破除者、得相折之、若撫養乖方、戸口減損者、各准増戸法、亦減一分、降一等、毎減一分降一等、課及不課、並准上文、其勧課田農、能使豊殖者、亦准見地、為十分論、加二分、各進考一等、毎加二分、進一等、謂熟田之外、別能墾発者、其有不加勧課、以致損減者、損一分、降考一等、毎損一分、降一等、謂熟田之内、有荒廃者、若数処有功、並応進考者、亦聴累加、

④考課令61大弐以下及国司条

凡大弐以下及国司、謂目以上、每年分番朝集、所部之内見任及解代、皆須知、其在任以来年別状迹、随問弁答、

⑤考課令65殊功異行条

凡毎年諸司、得国郡司政、有殊功異行、及祥瑞災蝗、戸口調役増減、当界豊倹、盗賊多少、並録送省、

（参考）考課令65殊功異行条義解

謂、殊功異行自弁官、祥瑞自治部、調役増減自民部、盗賊多少自刑部、並皆録送式部兵部也、

⑥職員令2太政官条

（前略）巡察使、掌巡察諸国、不常置、応須巡察、権於内外官、取清正灼然者充、巡察事条及使人数、臨時量定、

⑦考課令59内外初位条

〔民上14〕A②参照

（参考）考課令59内外初位条集解古記

古記云、問、附使、答、遣巡察使覆囚使、幷差専使耳、

B　地方官の監察

①『続日本紀』大宝三年十一月癸卯（十六日）条

太政官処分、巡察使所記諸国郡司等有治能者、式部宜依令称挙、有過失者、刑部依律推断、

②『続日本紀』和銅五年五月乙酉（十七日）条

詔諸司主典以上、并諸国朝集使等曰、制法以来、年月淹久、未熟律令、多有過失、自今以後、若有違令者、即准其犯、依律科断、其弾正者、月別三度、巡察諸司、糺正非違、若有廃闕者、乃具事状、移送式部、考日勘問、又国司因公事入京者、宜差堪知其事者充使、々人亦宜問知事状、並惣知在任以来年別状迹、随問弁答、不得礙滞、若有不尽者、所由官人及使人、並准上科断、自今以後、毎年遣巡察使、検校国内豊倹得失、宜使者至日、意存公平、直告莫隠、若有経問発覚者、科断如前、凡国司、毎年実録官人等功過行能并景迹、皆附考状申送式部省、省宜勘会巡察所見、

（参考）『続日本紀』和銅五年五月甲申（十六日）条

太政官奏偁、郡司有能繁殖戸口、増益調庸、勧課農桑、人少匱乏、禁断逋逃、粛清盗賊、籍帳皆実、戸口無遺、割断合理、獄訟無寃、在職匪懈、立身清慎、其一居官貪濁、処事不平、職用既闕、公務不挙、侵没百姓、請託公施、肆行奸猾、以求名官、田疇不開、減闕租調、籍帳多虚、口丁無実、逋逃

在境、畋遊無度、其二又百姓精務農桑、産業日長、助養窮乏、存活独惸、孝悌聞閭、材職堪幹、其三若有郡司及百姓准上三条有合三勾以上者、国司具状附朝集使、挙聞、奏可之、

③『続日本紀』和銅六年三月壬午（十九日）条

〔民上30〕B①参照

④『続日本紀』霊亀元年五月辛巳朔条

勅諸国朝集使曰、天下百姓、多背本貫、流宕他郷、規避課役、其浮浪逗留、経三月以上者、即土断輸調庸、随当国法、又撫導百姓、勧課農桑、心存字育、能救飢寒、実是国郡之善政也、若有身在公庭、心顧私門、妨奪農業、侵蝕万民、実是国家之大蠹也、宜其勧催産業、資産豊足者為上等、雖加催勧、衣食短乏者為中等、田疇荒廃、百姓飢寒、因致死亡者為下等、十人以上、則解見任、又四民之徒、各有其業、今失職流散、此亦国郡司教導無方、甚無謂也、有如此類、必加顕戮、自今以後、当遣巡察使、分行天下、観省風俗、宜勤敦徳政、庶彼周行、始今、諸国百姓、往来過所、用当国印焉、

⑤『続日本紀』霊亀二年四月乙丑（二十日）条

詔曰、凡貢調脚夫、入京之日、所司親臨、察其備儲、若有国司勤加勧課、能合上制、則与字育和恵

粛清所部之最、不存教喩、事有闕乏、則居撫養乖方、境内荒蕪之科、依其功過、必従黜陟、又比年計帳、具言如功、推勘物数、足以掩身、然入京人夫、衣服破弊、菜色猶多、空著公帳、徒延声誉、務為欺謾、以邀其課、国郡司如此、朕将何任、自今以去、宜恤民隠以副所委、仍録部内豊倹農桑増益言上、

⑥『続日本紀』養老三年七月庚子（十三日）条

始置按察使、（中略）其所管国司、若有非違及侵漁百姓、則按察使親自巡省、量状黜陟、其徒罪以下断決、流罪以上録状奏上、若有声教条々、脩部内粛清、具記善最言上、

⑦『類聚三代格』巻七　牧宰事　養老三年七月十九日〔式上50〕

按察使訪察事条事

在職公平立身清慎

在職公平必須察吏推伏、立身清慎、合国郡共知与誦萌謡声称多少並抑指陳、

剖断合理獄訟無寃

剖断合理自然無寃、若有国移郡断省雪国寃、如此之徒即非合理、断既乖僻人国有寃、

籍帳皆実戸口無遺

国郡官人能加検括、籍帳戸口無所隠漏、

繁殖戸口増益調庸

国郡官司撫育有方、戸口増益調庸多進、此謂分成、

勧課農桑国阜家給

国郡長官字養無倦、訓導有方、人務農業家赴桑事、

在官貪濁処事不平

国郡官司貪濁不平者具言其状、

容縦子弟請託公行

子弟親識縦容、所部与民争利、乗勢抑弱之類、

嗜酒沈湎畋遊無度

酖酒凶酗廃闕公務、及招携悪少年犯暴田苗之類、

逋逃在境淹滞不帰

容止外界逋逃其数多少不覚及有寛容者、

肆行姦猾以求名官

諂事長官讒毀良善、自求功考百端邀誉而無真事者、

右按察使巡歴管国訪察事条如前

敦本棄末情務農桑

幼標孝悌有感通神

文学優長識明時務

有力超衆武芸絶群

田蚕不修耕織廃業

不孝不義聞於里閭

仮託功徳称扇妖訛

恐脅公私欺凌貧弱

右百姓有前件善悪状迹者、随状挙罰録状具通、

養老三年七月十九日

聞、

⑧『続日本紀』天平三年十一月丁卯（二十二日）条

始置畿内惣管、諸道鎮撫使、（後略）

⑨『続日本紀』天平三年十一月癸酉（二十八日）条

制、大惣管者、帯剣待　勅、副惣管者、与大惣管同、判史二人、主事四人、鎮撫使掌与惣管同、判官一人、主典一人、其抽内外文武官六位已下、解兵術文筆者充、仍給大惣管傔仗十人、副惣管六人、鎮撫使三位随身四人、四位二人、並負持弓箭、朝夕祗承、随主願充、令得入考、惣管如有縁事入部者、聴従騎兵卅疋、其職掌者、差発京及畿内兵馬、捜捕結徒集衆、樹党仮勢、劫奪老少、圧略貧賤、是非時政、臧否人物、邪曲冤枉之事、又断盗賊妖言、自非衛府執持兵刃之類、取時巡察国郡司等治績、如得善悪即時奏聞、不須連延日時令会恩赦、其有犯罪者、先決杖一百已下、然後奏聞、但鎮撫使不得差発兵馬、

⑩『続日本紀』天平七年閏十一月壬寅（二十一日）条

天皇臨朝召諸国朝集使等、中納言多治比真人県守宣　勅曰、朕選卿等任為国司、奉遵条章僅有一両人、而或人以虚事求声誉、或人背公家向私業、因此、比年国内弊損、百姓困乏、理不合然、自今以後、勤恪奉法者褒賞之、懈怠無状者貶黜之、宜知斯意各自努力、

⑪『続日本紀』天平十六年九月丙戌（二十七日）条

勅頒卅二条於巡察使、事具別勅、因　勅曰、凡頃聞、諸国郡官人等、不行法令、空置巻中、無畏憲章、擅求利潤、公民歳弊、私門日増、　朕之股肱豈合如此、自今以後、宜依頒条毎四考終必加訪察奏聞、即随善悪黜陟其人、遂令涇渭殊流、賢愚得所、若有巡察使諂曲為心、昇降失理、当寘法律以明勧沮、無偏無党、清風粛俗、抜自常班、処以栄秩、宜告所司知　朕意焉、又口勅十三条具在別勅、又　勅曰、為検天下諸国政績治不、今差巡察使分道発遣、但比年以来、所任使人、訪察不精、黜陟有濫、吏民由是未粛、風化所以尚壅、故今具定事条仰令巡検、唯恐官人不練明科、多犯罪愆還陥法網、仍垂非常之恩、特開自新之路、其国郡官司雖犯謀反大逆、常赦所不免、咸悉除免一切勿論、但情懐奸偽不肯吐実、使人存意再三喩示、若是固執猶不首伏者、依法科罪、普天率土宜知　朕懐焉、又口勅五条、語具別記、

⑫『続日本紀』天平十八年十二月丁巳（十日）条

停七道鎮撫使、

⑬『続日本紀』天応元年六月戊子朔条

詔曰、惟王之置百官也、量材授能、職員有限、自茲厥後、事務稍繁、即量劇官、仍置員外、近古因循、其流益広、譬以十羊更成九牧、民之受弊、寔為此焉、朕肇膺宝暦、君臨区夏、言念生民、情深

撫育、思欲除其残害恵之仁寿、宜内外文武官、員外之任、一皆解却、但郡司軍毅不在此限、又其在外国司、多乖朝委、或未知欠倉、且用公廨、或不畏憲網、肆漁百姓、故今択其奸濫尤著者、秩雖未満、随事貶降、自今以後、内外官人、立身清謹、処事公正者、所司審訪、授以顕官、其在職貪残、状迹濁濫者、宜遣巡察採訪黜降、庶使激濁揚清、変澆俗於当年、憂国撫民、追淳風於往古、普告遐邇知　朕意焉、

〔解説〕

地方官の監察規準を定めた格。

本来国司も長上官であり、その選叙、考課は、式部省の職務である。しかるに、国司は地方へ赴任する牧民の官であったから、その考課については、考課令においても別途の規定を設けている（A③④⑤）。一方、職員令では地方官監察のため巡察使を置き（A⑥）、大宝令施行後初期には、巡察使による巡察の結果の処理が式部省の職務であることを明記した史料もある（B①②③）。これは国司の考課が式部省の職務であることを明確にする意図があったためと考えられる。地方官の監察規準を定めた史料は多くあり（B⑩⑪）、按察使も設置され（B⑥）、按察使の監察規準も定められたが（B⑦）、それは式部格として規定されている。ここでは、弘仁格の編纂方針に従って、地方官監察規準を定めた法令のうち、最も新しいものを規定した格である。なぜ、この格が民部格として規定されなければならなかったのかということについては、民上3参照。

なお、民上2に引く延暦五年四月十一日勅には、民上1にはない、「群官政績」「雖加戒諭曾無改革、如不黜陟何以勸阻」の語がみえ、これは民上1が原格をそのまま弘仁格文にしたものでないことを示している。

（大林實温）

228〔民上3〕合裁下観察使起請事十六条　大同四年九月廿七日

『類聚三代格』巻七　牧宰事

合裁下観察使起請事十六条

太政官符

一撫育有方戸口増益条

一勸課農桑積実倉庫条

右山陰道観察使従三位行大蔵卿兼左大弁菅野朝臣真道奏状偁、謹検去延暦五年四月十九日所立十六条例、撫育勸課等善状八条下偁、国宰郡司等到任三年之内、政治灼然、当前件二条已上者、五位已上者量事進階、六位已下者擢之不次授以五位、又云、其違乖一条已上者、不限年之遠近解却見任者、今検此条、直称増益不限口数、至於減損亦無分法、仍案考課令云、凡国郡司撫育有方戸口増益者、各准見戸為十分論、加一分、国郡司各進考一等、注云、謂掾及少領以上、又云、毎加一分進一等、撫育乖方戸口減損者、各准増戸法、亦減一分降一等者、又云、国郡司勧課田農、能使豊殖者、亦准見地為十分論、加二分、各進考一等、毎加二分進一等、注云、謂熟田之外、別能墾発者、又云、其有不加勧課以致損減者、損一分降考一等者、今令有進降之法、例無褒貶之差、而当道諸国時有此挙、既無限制何以黜陟、又或前時荒廃、後人開発、或去年有荒、今年開営、如此之類論功有疑、又或百姓各事墾発、或王臣家自多開墾、如此之色取捨未詳、伏望、増益減損並定分法、待有満限擬憑褒貶、又或殷富国郡積実年久、此非新人之功、或衰弊有漸常多未納、亦非後人之過、伏願、盛国新□□□□旧年未納、不為後過、若有弊国之旧物、別能積実、殷富之郡還致空損者、乃始昇降以励将来者、今使所奏上件二条増減分数、宜依令条、仮令国司三考上中、褒擢之功於是熟矣、所謂三年之内、政治灼然者也、自余並依考選之法、其戸口増益加三分、則進考三等居上中第、又勧課田農加六分、則進考三等亦居上中第、其前荒後開、及王臣開墾、亦須為功同入分法、又或田租依実徴収、不必得七為限、当時正税全納無残、旧年之物依格徴納、此並事縁勧農、可謂積実倉庫、若国司到任三年之内、件二条中三考上中、及勧課条内兼無此積実者、政治灼然乃合擢進、其郡司雖無九等考第、三年之内、増減分法亦准国司、但所部

称小、歴任無限、褒擢之期宜准選進、其下諸条限三年内、毎年計功亦皆准此、

一貢進雑物依限送納条

右同前奏偁、今検此条、事在勧励、或常無未進之国、実非新司之功、久弊多残之郡、乃知後人之能、伏望、能改前人之怠、兼塡旧時未進、始令進擢実愜事宜、又准条例至有違乖、即令解任、而案大同三年十二月廿九日格、調庸違期依律科処、不必解任、伏望、調庸違闕者、即准律科処、自余雑物者、依条例黜陟者、今依使奏調庸是重、尚依罪之軽重、余物是軽、亦宜依律科処、余依使奏、

一粛清所部盗賊不起条

右同前奏偁、今案此条既称不起、縦有一人豈謂粛清、伏望、堺絶盗賊都無一人、部内清粛、乃始褒進、又准条例、若有違乖起盗一人令解見任、仍案賊盗律云、部内有一人為盗者、里長笞卌、郡内一人笞廿、国随所管郡多少、通計為罪、強盗者各加一等、准拠此律軽重異科、而今一人為盗即処解官、求之人情、恐近苛刻、伏望、准賊盗多少、定科責軽重、又所有盗賊卅日内捕獲者、亦望准拠律条、不入過例者、今検使奏須准律条郡内有一人為盗者、即郡司処違乖之科、其国若管二郡者二人為盗、若管三郡者三人為盗、若盗賊満此数国司即令解任、余亦依使奏、

一剖断合理獄訟無寃条

右同前奏偁、今案条意、人無寃訴、即令褒擢、若有寃枉一人、即入違乖之科、仍案考課令、処断乖理為下上、降考下上随有犯科処、不必解官、若今所寃事軽、罪杖以下猶解見任、恐渉刻薄、伏望、定犯軽重以擬褒貶者、今宜絶無寃訴、即令褒擢、如有違乖、准犯処罪、並依使奏、

一在職公平立身清慎条

右同前奏偁、案令、官人清慎顕著及公平可称等各為一善、其一最已上有二善為上下、然則非有抜群之人何応超等之挙、伏望、若有此色、具録行状指陳政迹之本末、委顕遠近之推服、乃始褒擢庶免叨濫其違乖公清之科、同下貪濁之条者、今縦令当此一条、即自有件二善者也、或加恪勤之善、自昇上中之第、始応褒擢、余依使奏、

一在官貪濁処事不平条

右同前奏偁、今案令条、居官諂詐及貪濁有状降考、即解見任、而抛令貪濁有一即解、依例両事相須始解、伏望、被人告言貪濁有状臨時便解、除此之外貪濁之科准考解却、若有両事共犯、不可更論遅速者、今宜居官貪濁者待考解任、処事不平者須降考第、

一肆行奸猾以求名誉条

右同前奏偁、案職制律、内外諸司実無政迹、遣人妄称己善、申請於上者杖一百、注云、雖有政迹、而

自遣者亦同、夫諂求之事触途多端、所犯軽重不可無差、伏望、量諂求事類定科責軽重、但実有政迹被衆推服、民共称善不入貶限者、今雖非求名、而行姧猾、悪之為本実既灼然、而使奏偏挙求誉之罪、不論肆猾之坐、宜不限軽重並処解官、但罪重者事発即解、犯軽者待考乃解、余依使奏、

一畋遊無度擾乱百姓条

右同前奏偁、既称無度亦注擾乱、二事相須然後令坐、伏望、雖畋遊無度不致擾乱者、即存寛簡不入科責者、宜依使奏、

一嗜酒沈湎廃闕公務条

右同前奏偁、案考課令、官人背公向私職務廃闕者為下中、合解見任、今拠令、闕務即合解見任、准例嗜酒相須科処、伏望、嗜酒致廃務、則事発便解、廃務縁他事、則待考始解者、今宜嗜酒及縁他至廃公務、倶是一事、宜以考解、

一公節無聞私門日益条

右同前奏偁、今案此条、身無公節之誉、兼有潤家之益、則迹渉貪濁、自入貶黜、但或公節無聞、而私門不益、或潤家無枉、而公節有聞、伏望、斯之徒不入貶限者、宜依使奏、

一放縦子弟請託公行条

右同前奏偁、案職制律、有所請求曲法之事、罪処笞杖本罪、仍在主司許者亦与同罪、今恒科雖軽条例特重、伏望、原情量状准例解任、又法家所論子弟者、是謂子孫弟姪、今雖非子弟、放縦親識与民争利、兼事請託蠧民害政、事在難容、伏望、一准子弟共処同科者、今宜不論軽重同解見任、一依使奏、

一挙擢善政科責不実事

右同前奏偁、今案条例、若有三年之内一年当条、或有三年之内毎年当条、至于進擢未審同異、又案令条、随善多少定考昇降、又若数処有功並応進考者、亦聴累加、然則或当善状三条已上、至于擢進、不可同等、伏望、准歴年而定等級、依条数而作高下、庶令人勉善政、国多賢能、又考課令云、官人因加戸口及勧課田農幷縁余功進考者、於後事若不実、縦経恩降、其考皆従追改者、伏望、若有不実被擢、准法一従追奪者、今宜功過多少依考課例、六考高下准成選法、又追奪之責亦依令条、

一准犯合解応停釐務事

右同前奏偁、案悪八条惣例偁、同前群官不務職掌、仍当前件一条已上者、不限年之遠近解却見任、其違乖撫育勧課等条者亦望准此者、今案考課令、准考応解官者、即不合釐事、待符報即解、然則有犯合解豈可視事、而今所行官人有犯推断合解、未報之間猶預釐務、事乖法意理須改正、又国司上下如共合解、至掌鈴印旧論不同、若有此類、令誰執掌、伏望、量事立例令易遵行者、今拠令条、罪応解官者雖

云未断不得預政、宜依使奏、又遣使訪察国司上下共合解官者、具状言上待報之間、所有鈴印使自執掌、

一善悪功過令得准折事

右同前奏偁、案考課令云、罪雖成殿情状可矜、或雖不成殿而情状可責者、省校日皆聴臨時量定、又云、当上上考者、雖有殿不降、注云、謂非私罪、選叙令云、計考応進、而兼有上考下考者、並得准折、上中以上雖有下考、即従上第、公罪下中私罪下上、雖有上下仍従下考者、今拠此文進降考第猶聴准折、黜陟善悪豈無折降、伏望、一人兼有功過聴量軽重准折者、宜依使奏、

一例外状迹随事検察事

右同前奏偁、案考課令、善最之外、別有可嘉尚者、皆聴臨時量定、又案選叙令、考満応叙之人有高行異才、或尤達治体皆聴擢以不次、不須限以常条、今国司交替之事格例不穏之類、別奉処分以聴使勘申、准此論之、条例之外所有状迹事須検校、而非有処分不敢輙行、伏望、折中立制以明挙措者、今宜雖是条例之外、事縁国郡功過者、聴使検察随事褒貶、但交替之事須官処分、

以前被右大臣宣偁、奉　勅、使所起請事条宜依前件、諸道使等亦宜准此、

大同四年九月廿七日

A　律令の規定

①職制律44諸司遣人妄称己善条

凡内外諸司、実無政迹、遣人妄称己善、申請於上者、杖一百、有贓重者、坐贓論、受遣者、各減一等、雖有政迹、而自遣者亦同、

②職制律45有所請求条

凡有所請求者、笞五十、謂、従主司求曲法之事、即為人請者、与自請同、主司許者、与同罪、主司不許、及請求者、皆不坐、已施行者、各杖一百、（後略）

③賊盗律54部内条

凡部内有一人為盗、及容止盗者、里長笞卌、坊令坊長亦同、三人加一等、郡内一人笞廿、四人加一等、部界内有盗発及殺人者、一処以一人論、殺人者、仍同強盗之法、国随所管郡多少、通計為罪、各罪止徒二年半、強盗者各加一等、以官長為首、佐職為従、即盗及盗発、殺人後卅日捕獲、他人自捕等、主司各勿論、限外能捕獲、追減三等、若軍役所有犯、隊正以上、両毅以下、准部内征人冒名之法、同国郡為罪、

④選叙令10計考応進条

凡計考応進、而兼有上考下考者、並得准折、毎一中下、得以一中上除之、毎二中下及一下上、得以

一上下除之、下上、謂非私罪者、上中以上、雖有下考、即従上第、下考、謂不至解官者、公罪下中、私罪下上、雖有上下、仍従下考、

⑤選叙令12考満応叙条

凡考満応叙之人、有高行異才、或尤達治体、皆聴擢以不次、不須限以常条、

⑥考課令3〜6善条

〔民上1・2〕A①参照

⑦考課令46・47最条

〔民上1・2〕A②参照

⑧考課令50一最以上条

一最以上有四善、為上上、一最以上有三善、或無最而有四善、為上中、一最以上有二善、或無最而有三善、為上下、一最以上有一善、或無最而有二善、為中上、一最以上、或無最而有一善、為中々、職事粗理、善最弗聞、為中下、愛憎任情、処断乖理、為下上、背公向私、職務廃闕、為下中、居官諂詐、及貪濁有状、為下々、若於善最之外、別有可嘉尚、及罪雖成殿、情状可矜、或雖不成殿、而情状可責者、省校日、皆聴臨時量定、

⑨考課令54国郡司条

〔民上1・2〕A③参照

⑩考課令56官人加戸口条

凡官人、因加戸口、及勧課田農、幷縁余功、進考者、於後事若不実、縦経恩降、其考皆従追改、

⑪考課令57犯罪附殿条

凡官人、犯罪附殿者、皆拠案成乃附、私罪、計贖銅一斤為一負、公罪、二斤為一負、各十負為一殿、当上上考者、雖有殿不降、謂非私罪、自上中以下、率一殿、降一等、即公坐殿失応降、若当年労劇、有異於常者、聴減一殿、其犯過失殺傷人、及疑罪徴贖者、並不入殿限、

⑫考課令62内外官人条

凡内外官人、准考応解官者、即不合釐事、待符報即解、

⑬考課令67考郡司条

凡国司、毎年量郡司行能功過、立四等考第、清謹勤公、勘当明審之類、為上、居官不怠、執事無私之類、為中、不勤其職、数有愆犯之類、為下、背公向私、貪濁有状之類、為下々、其軍団少毅以上、統領有方、部下粛整、為上、清平謹恪、武芸可称、為中、於事無勤、武芸不長、為下、数有愆失、

武用無紀為下々、毎年国司皆考対定、訖具記附朝集使送省、其下々考者、当年校定即解、

B 観察使

①『日本後紀』大同元年五月丁亥（二十四日）条

始置六道観察使、

②『日本後紀』大同元年六月壬寅（十日）条

手詔曰、朕以庸虚、謬承先業、雖奉丕訓、猶暗政治、負重春氷、取喩方易、御朽秋駕、比懼非難、伏惟先帝、括地宣風、統天立化、布堯心而撫育、垂禹泣而哀矜、謹読延暦五年四月十一日詔下者偁、諸国庸調支度等物、毎有未納、交闕国用、良由国郡司遞相怠慢、又莅政治民、多乖朝委、宜量其状迹、随事貶黜、所司宜作条例奏聞、公卿即依制旨、上一十六条事、自茲厥後、既経年所、空設憲章、未聞遵行、是則国郡官司不練之所致也、今為行十六条、量置六道観察使、道別一人、判官一人、主典一人、所以移風淳風、易俗雅俗、激揚清濁、黜陟幽明也、其事有大小、使有軽重、自非国由廃興、政関成敗、宜遣判官以下督察、兼復取所司清廉幹了、官差発検校、庶富之詞、聞諸先聖、安集之語、在於風人、凡厥使手、副朕意焉、

③『日本後紀』大同元年閏六月丁丑（十六日）条
廃勘解由使、

④『日本紀略』弘仁元年六月丙申（二十八日）条
太上天皇詔曰、去大同元年為行十六条、置観察使、各委一道、云々、夫参議之寄、望重守大、帰任責成、職非虚設、是以廃置之、云々、宜罷観察使復参議号、封邑之制、亦仍旧数、

C　式の規定

①『類聚符宣抄』第六　雑例
右大臣宣、民部省毎年五月七日所勘申諸国大未進帳小未進帳、著見任国司功過、至可褒貶、堪為証験、宜令弁官入外記、立為永例者、
承和九年九月廿二日　大外記山代氏益奉

②『延喜式』民部下（五九四頁）
凡諸国大未進、小未進等帳者、勘録国司功過、毎年正月五日以前進官、

〔解説〕

民上2の十六条を補足した格。

十六条といっても民上2の十六条そのものではなく、民上2でいう国宰・郡司・鎮将辺要等官のうち、鎮将辺要等官に対応する四条を削り、新たに四条を加えていることから、民上1・民上2・民上3は国司と郡司に適用される格と理解すべきである。

次に、これら三格がなぜ民部格の冒頭に規定されたのであろうか。また大同元年に観察使が設置されて（B①）、勘解由使は廃止され（B③）、その後観察使も廃止されたのに（B④）、なぜこれらの格を民部格に規定しなければならないのかということを考えてみなければならない。そのように考えると、この理由は、嵯峨朝の民部省勘会による地方官の監察強化方針に基づくものと理解しなければならないのではなかろうか。

なお、民上3の格文の骨子全体はあくまで律令の原則の枠内にあるもので、功過という語も、考課令1内外官条にみえ（民上12A③）、義解は「考者、考校功過也」としている。しかし、格文が国司交替のことについて言及し、新司の功などというとき、それは考課令に規定する功過から、やや内容の異なった語となり、そしてこれらの格が、後の受領功過定の先駆的な制度となったものと考えられる。また格文の主体は国司にあったものと思われる。

（大林實温）

〔参考文献〕

梅村喬「勘会制の変質と解由制の成立」上・下（『日本史研究』一四二・一四三）
福井俊彦「弘仁期地方官監察についての一試論」（早稲田大学大学院『文学研究科紀要』三三、哲学・史学編）

229〔民上4〕応厚作調鍬事　延暦十六年四月十六日

『類聚三代格』巻八　調庸事

太政官符

　応厚作調鍬事

右被大納言従三位神王宣偁、奉　勅、今聞、諸国調鍬已悪亦薄、班給公私曾不中用、良是国宰郡吏無心奉公、出納官人不存検校之所致也、宜加厳制不得更然、仍令中辺共厚一得堅全、検納之日、諸司相対、一々簡取、莫有行濫、暁喩之後違於此制、科違　勅罪、返却其物、

　延暦十六年四月十六日

A　令の規定

①職員令21民部省条

②職員令22主計寮条

③職員令33大蔵省条

④賦役令1調絹絁条

(前略)若輪雑物者、鉄十斤、鍬三口、毎口三斤、(後略)

B　式の規定

①『延喜式』　民部上(五六八頁)

凡勘納調庸物者、郡司見参之日、省録率史生等、向大蔵省正倉院、与大蔵録共勘会見物、然後可納調物状移大蔵省、

②『延喜式』　主計上　諸国調条(五九八頁)

凡諸国輸調(中略)鉄二廷三斤五両為廷、鍬三口(中略)已上斤両並大、下条亦同、

〔解説〕

調製品、特に鍬の麁悪に関して、出納官司への監督強化と、違反国郡司の処罰とを規定した格。

一般的な調庸品物の欠負・未進・違期・麁悪に関する国郡司の処罰規定は、民上10・11に規定しているが、

当格は、特に調鍬の麁悪についてのみ規定している。なお、格の内容から、この後の民上5・6までは一連のものと考えられる。（渡部光樹）

230〔民上5〕応停止備前国進鍬鉄事　同《延暦》十五年十一月十三日

『類聚三代格』巻八　調庸事

太政官符

応停止備前国進鍬鉄事

右被大納言正三位紀朝臣古佐美宣偁、奉　勅、納貢之本、任於土宜、物非所出、民是為患、今聞、件国元無鍬鉄、毎至貢調常買比国、自今以後、宜停収鉄、非絹則糸、随便令輸、

延暦十五年十一月十三日

○『日本後紀』延暦十五年十一月庚子（十三日）条

勅、納貢之本、任於土宜、物非所出、民以為患、今備前国、本無鍬鉄、毎至貢調、常買比国、自今以後、宜停貢鉄、非絹則糸、随便令輸、

A　令の規定

賦役令1調絹絁条

〔民上4〕A④参照

B　備前国の鍬鉄の貢進

平城宮出土木簡（『平城宮木簡』一・二）

a　備前国赤坂郡周匝郷調鍬十口天平十七年十月廿日（三一一）

b　上道郡浮浪人調鉄一連（二八三四）

〔解説〕

備前国から調として出されていた鍬鉄を、糸に変更した格。

なお、延喜式主計上、備前国の調品目には、鉄は含まれていない。

（渡部光樹）

231〔民上6〕備後国八郡調糸相換鍬鉄事 取詮　同（延暦）廿四年十二月七日

『類聚三代格』巻八　調庸事

太政官謹奏

　備後国神石、奴可、三上、恵蘇、甲努、世羅、三谿、三次等八郡調糸相換鍬鉄事

右件国、百姓彫弊、積有歳年、雖加存済、猶未復旧、而前件八郡僻居山間、土宜採鉄不便養蚕、所輸絹糸営求多苦、因茲承前国司屢請停絹糸令輸鉄、伏望、永停絹糸令輸鍬鉄、謹以申聞謹奏者、奉　勅、依奏、

　延暦廿四年十二月七日

○『日本後紀』延暦二十四年十二月壬寅（七日）条

公卿奏議曰、（中略）又備後国神石、奴可、三上、恵蘇、甲努、世羅、三谿、三次等八郡調糸、相換鍬鉄、

A　令の規定

賦役令1調絹絁条

〔民上4〕A④参照

B　備後国の鍬鉄の貢進

平城宮出土木簡（『平城宮木簡』一）

a　三上《(備後)》郡信敷郷調鍬十口（三一三）

b　備後国三上郡調鍬十口　天平十八年（三一四）

c　□□《(備後カ)》国三上郡調鍬□（三一五）

C・D　→〔補遺〕（二五〇頁）

〔解説〕

備後国神石・奴可・三上・恵蘇・甲努・世羅・三谿・三次八郡の調を従来の糸から新たに鍬鉄に変更した格。民上4・5・6は、その内容から一連のものと考えられる。数多い調の品目の中で特に鍬鉄に関するもののみが弘仁格に収められているのは、一見奇異な感がある。この三格がいずれも延暦年間で、弘仁格編纂の時期と比較的近接していることに注目するならば、或いは弘仁格編纂時点での最新の調の品目改定の格として同格に収められたとも考えられる。この場合、当該三格による改定を含めた、他の調の品目の改定については、同時に編纂された弘仁式に規定されたということになる。いずれにしても、調の品目の改定が当該三格以外に存在しなかったとは考え難いところであり、格と式との関係をも含めて、今後の検討が必要である。

なお、本格での調品目の改定は、三代実録貞観七年八月の記事（C）から、以後変更されなかったと考えられ、延喜式主計上の備後国の調の品目には、鍬・鉄が含まれている（D）。

（渡部光樹）

〔参考文献〕

原島礼二『日本古代社会の基礎構造』第六章　八世紀における鉄の生産と流通

232〔民上7〕勅　慶雲三年二月十六日

『類聚三代格』巻十七　蠲免事

勅、凡百姓身役十日以上免庸、廿日以上庸調倶免、役日雖多、不得過卌日、其役廿日、乃給公粮、即筑紫之役十九日、即廿日以上、皆同上文、若応役匠丁者、国司預点定匠丁、以十丁為一火、給廝一丁、上役之日、乃給公粮、還国之時、当酬功直、其一番役日雖多、不得過五十日、

慶雲三年二月十六日

○『政事要略』巻五十九　交替雑事　雑徭事

弘民格云、勅、凡百姓身役十日以上免庸、廿日以上庸調倶免、役日雖多、不得過卅日、其役廿日乃給公粮、即筑紫之役十九日、即廿日以上皆同上文、若応役匠丁者、国司預点定匠丁、用十丁為一火、給廝一丁、上役之日、乃給公粮、還国之時、当酬功直、其一番役曰雖多、不得過五十日、

慶雲三年二月十六日

○賦役令4歳役条集解令釈所引慶雲三年二月十六日格

凡身役十日以上免庸、廿日以上調庸倶免、役日雖多、不得過卅日、其役日廿日、乃給公粮、

A　令の規定

①賦役令4歳役条

凡正丁歳役十日、若須収庸者、布二丈六尺、一日二尺六寸、須留役者、満卅日、租調倶免、役日少者、計見役日折免、通正役、並不得過卅日、次丁二人、同一正丁、中男及京畿内、不在収庸之例、其丁赴役之日、長官親自点検、幷閲衣粮、周備、然後発遣、若欲雇当国郡人、及遣家人代役者聴之、劣弱者不合、即於送簿名下、具注代人貫属姓名、其匠欲当色雇巧人代役者亦聴之、

②大宝令歳役条復原案

a　凡正丁歳役（十日）皆収庸布二丈六尺

b　凡正丁歳役十日―若不役者―収庸布二丈六尺
　　　　　　　　　若須収庸者

③唐令

a『唐令拾遺』賦役令歳役条

諸丁歳役二十日、有閏之年、加二日、若不役者収庸、毎日絁絹各三尺、布三尺七寸五分、須留役者、満十五日免調、三十日租調俱免（従日少者、見役日折免）通正役並不得過五十日、遣部曲代役者聴之、

b『唐令拾遺』賦役令

除程糧外、各准役賷私粮、

B　庸布徴収と身役

①『続日本紀』慶雲三年二月庚寅（十六日）条

准令、正丁歳役収庸布二丈六尺、当欲軽歳役之庸、息人民之乏、並宜減半、其大宰所部、皆免収庸、

若公作之役、不足傭力者、商量作安穏条例、永為法式、

②『続日本紀』養老二年六月丁卯（四日）条

令大宰所部之国輸庸同於諸国、先是減庸、至是復旧焉、

③『日本後紀』弘仁三年二月辛卯（三日）条

陸奥国言、慶雲三年格云、身役十日以上免庸、廿日以上庸調倶免者、今征夷軍士役卌日以上也、伏請准格幷延暦廿一年例、免除去年調庸者、許之、

C　式の規定

『延喜式』民部上（五七二頁）

凡諸国匠丁還郷者、本司録移送省、省申官給路粮、一人日米一升、塩一勺、仕丁准此、

〔解説〕

丁匠の使役に関して規定した格。

前半は、非技術労働者（百姓身役）による庸・調免除の規定である。本格では九日間の無償労働を前提とし、

十〜十九日間の無償の労働で庸免、二十〜四十日間の公粮支給の労働で庸・調を免除することを規定している。また、庸が免除された大宰府管内は、二十〜四十日間の公粮支給の労働で調免となる。

大宝令歳役条は庸布徴収を正法とする説と、実役徴収を正法とする説があるが（A②）、後説は成立し難いと思われる。そこで、慶雲三年に庸が半減されそれに伴う公作における傭力不足を補うために安穏の条例を立てることが決定されているので（B①）、この決定に対応して出されたのが本格であろう。従って、本格は歳役条の改変という点から説明することはできず、百姓身役についても独立した実役徴収種目の新設とは考えない。このことは弘仁三年の記事（B③）からも明らかである。

なお、養老令歳役条は唐令（A③）の模倣的色彩が強く、非現実的なものなのでここでは触れなかった。格の後半は、技術労働者について令の中に使役の仕方・粮食・日限についての規定がなかったのを補ったものである。

瀧川政次郎「九条家弘仁格抄の研究」（『律令格式の研究』所収）では、民上7「勅　慶雲三年二月十六日」が類聚三代格巻十四、義倉事に収められている勅としているが、前後の格の配列から、民上7は、類聚三代格巻十七、蠲免事に収められる勅であり、類聚三代格巻十四、義倉事に載せる勅は、民上28にあたると考えられよう。

（小市和雄）

〔参考文献〕

青木和夫「雇役制の成立」（『史学雑誌』六七―三・四）
平野邦雄「大宝・養老両令の歳役について」（『九州工業大学研究報告』人文・社会科学五）

長山泰孝「歳役制の成立」(『律令負担体系の研究』)
工藤雅樹「慶雲三年二月十六日格にみえる『百姓身役』について」(『続日本紀研究』一〇—六・七)
石上英一「日本古代における調庸制の特質」(『歴史における民族と民主主義』一九七三年歴史学研究会大会報告集)
櫛木謙周「律令官司の労働編成と人民支配」(『日本史研究』一九九)

233〔民上8〕応免浮囚調庸事 延暦十七年四月十六日

『類聚三代格』巻十七 蠲免事

太政官符
　応免俘囚調庸事
右得大宰府解偁、所管諸国解偁、件俘囚等、恒存旧俗、未改野心、狩漁為業、不知養蚕、加以居住不定、浮遊如雲、至徴調庸、逃散山野、未進之累、職此之由、望請、免徴正身、至于蕃息、始徴課役、然則俘囚漸習花俗、国司永絶後煩者、府加覆検、所陳有理、謹請　官裁者、大納言従三位神王宣、奉　勅、依請者、諸国准此、

延暦十七年四月十六日

A　令の規定

賦役令10辺遠国条

凡辺遠国有夷人雑類之所、応輸調役者、随事斟量、不必同華夏、

B　俘囚の調庸民化

①『続日本紀』神護景雲三年十一月己丑（二十五日）条

陸奥国牡鹿郡俘囚外少初位上勲七等大伴部押人言、伝聞、押人等本是紀伊国名草郡片岡里人也、昔者先祖大伴部直征夷之時、到於小田郡嶋田村而居焉、其後、子孫為夷被虜、歴代為俘、幸頼聖朝撫運神武威辺、抜彼虜庭久為化民、望請、除俘囚名、為調庸民、許之、

②『続日本紀』宝亀元年四月癸巳朔条

陸奥国黒川、賀美等一十郡俘囚三千九百廿人言曰、己等父祖、本是王民、而為夷所略、遂成賤隷、今既殺敵帰降、子孫蕃息、伏願、除俘囚之名、輸調庸之貢、許之、

③『日本後紀』弘仁二年三月乙巳（十一日）条

始令諸国進俘囚計帳、

④『日本後紀』弘仁三年九月戊午（三日）条

陸奥国遠田郡人勲七等竹城公金弓等三百九十六人言、己等未脱田夷之姓、永貽子孫之恥、伏請改本姓為公民、被停給禄、永奉課役者、勅可、唯卒従課役、難勧遺類、宜免一身之役、仍賜勲七等竹城公金弓、勲八等黒田竹城公継足、勲九等白石公真山等男女一百廿二人陸奥磐井臣、勲八等竹城公多知麻呂、勲八等荒山花麻呂等八十八人陸奥高城連、勲九等小倉公真禰麻呂等十七人陸奥小倉連、勲八等石原公多気志等十五人陸奥石原連、勲八等柏原公広足等十三人椋椅連、遠田公五月等六十九人遠田連、勲八等意薩公持麻呂等六人意薩連、小田郡人意薩公継麻呂、遠田公浄継等六十六人陸奥意薩連、

⑤『日本後紀』弘仁四年二月戊申（二十五日）条

制、損稼之年、土民俘囚、咸被其災、而賑給之日、不及俘囚、飢饉之苦、彼此応同、救急之恩、華蛮何限、自今以後、宜准平民、預賑給例、但勲位村長及給粮之類、不在此限、

⑥『類聚国史』巻百九十　風俗　俘囚　弘仁七年十月辛丑（十日）条

勅、延暦廿年格云、荒服之徒未練風俗、狎馴之間不収田租、其徴収限待後詔者、今夷俘等、帰化年久、漸染華風、宜授口分田、経六年已上者従収田租、

⑦『類聚国史』巻百九十　風俗　俘囚　弘仁八年九月丙申（十日）条

常陸国言、依去年十一月（十月カ）格、須経六年已上夷俘口分田収其租、而夷俘等雖霑厚恩、未免貧乏、伏望暫免田租、以優夷狄者、許之、

⑧『類聚国史』巻百九十　風俗　俘囚　弘仁十三年九月癸丑（二十六日）条

常陸国言、俘囚吉弥侯部小槻麻呂云、己等自帰朝化、経廿箇年、漸染皇風、兼得活計、伏望為編戸民、永従課役者、勅、夫仰化之情、信有可愍、宜聴附公戸莫科課役、

（参考）『類聚三代格』巻十八　夷俘并外蕃人事　貞観十一年十二月五日官符

（前略）彼夷俘等分居諸国、常事遊猟、徒免課役、多費官粮、（後略）

〔解説〕

俘囚の調庸収取に関して正身に徴することを免じて、蓄息に至って始めて徴することを規定した格。

俘囚は律令的身分秩序の枠外にあり、その課役賦課に関する令の規定としては夷人雑類と一般公民とを区別

することを規定した賦役令辺遠国条（A）があるのみである。しかし、俘囚が自ら調庸の民とならんことを申請していることから（B①②④）、俘囚が調庸負担の対象外にあったことを知ることができる。

弘仁二年に俘囚計帳が造進され（B③）、同四年に俘囚への賑給が行われていることは（B⑤）、弘仁期に俘囚を調庸民化していく政策が明確に打ち出されたことを示している。しかし俘囚の調庸収取に関する優遇措置である本格が弘仁格に取り入れられていることを考慮すれば、その内民化の方針が必ずしも厳格な収奪を意図していたものでなかったことを理解することができよう。

（原正人・石附善信）

〔参考文献〕

石母田正「古代の身分秩序」（『日本古代国家論　第一部』、石母田正著作集では第四巻）
大塚徳郎「蝦夷服属の類型的考察」（『平安初期政治史研究』）
関口明「八、九世紀における移配蝦夷の実態」（『日本歴史』三五七）
宮原武夫「律令国家と辺要」（『古代国家の支配と構造』所収）
平川南「俘囚と夷俘」（青木和夫先生還暦記念会編『日本古代の政治と文化』所収）

234〔民上9〕勅　　　養老元年十一月廿二日

『類聚三代格』巻八　調庸事

勅、国輸絹絁、貴賤有差、長短不等、或輸絹一丈九尺、或輸絁一丈一尺、長者直貴、短者直賤、事依安穏、理応均輸、糸有精麁、賦無貴賤、不可以一概強貴賤之理、布雖有端、稍有不便、宜随便用更定端限、所司宜量一丁輸物作安穏条例、自今以後、宜蠲百姓人身副物及中男正調、其応供官主用料等物、所司宜支度年別用度、並随郷土所出附国役中男進、若有不足中男之功者、即以折役人夫之雑徭、

養老元年十一月廿二日

○『続日本紀』養老元年十一月戊午（二十二日）条

詔曰、国輸絹絁、貴賤有差、長短不等、或輸絹一丈九尺、或輸絁一丈一尺、長者直貴、短者直賤、事須安穏、理応均輸、糸有精麁、賦無貴賤、不可以一概、強貴賤之理、布雖有端、稍有不便、宜随便用更定端限、所司宜量一丁輸物、作安穏条例、自今以後、宜蠲百姓副物及中男正調、其応供官主用料等物、所司宜支度年別用度、並随郷土所出付国、役中男進、若中男不足者、即以折役雑徭、於是、太政官議奏精麁絹絁長短広闊之法、語在格中、

○賦役令1調絹絁条集解令釈所引養老元年勅

養老元年勅、自今以後、宜蠲百姓人身副物、及中男正調、其応供官主用度等物、所司宜支度年別用度、

並随郷土所出付国役中男進、若有不足中男之功者、即以折役人夫之雑徭、

A　令の規定

賦役令1調絹絁条

凡調絹絁糸綿布、並随郷土所出、正丁一人、絹絁八尺五寸、六丁成疋、長五丈一尺、広二尺二寸、美濃絁、六尺五寸、八丁成匹、長五丈二尺、広同絹絁、糸八両、綿一斤、布二丈六尺、並二丁成約屯端、端長五丈二尺、広二尺四寸、其望陁布、四丁成端、長五丈二尺、広二尺八寸、(中略)次丁二人、中男四人、並准正丁一人、其調副物、正丁一人、紫三両、紅三両、茜二斤、黄連二斤、東木綿十二両、安芸木綿四両、麻二斤、熟麻十両十六銖、葈十二両、黄蘗七斤、黒葛六斤、木賊六両、胡麻油七夕、麻子油七夕、荏油一合、曼椒油一合、猪脂三合、脳一合五夕、漆三夕、金漆三夕、塩一升、雑腊二升、堅魚煎汁一合五夕、山薑一升、青土一合五夕、橡八升、紙六張、長二尺、広一尺、筐柳一把、七丁席一張、苫一張、鹿角一頭、鳥羽一隻、砥一顆、二丁簀一張、三丁薦一張、十四丁樽一枚、受三斗、廿一丁樽一枚、受四斗、卅五丁樽一枚、受五斗、京及畿内、皆正丁一人、調布一丈三尺、次丁二人、中男四人、各同一正丁、

（参考）賦役令37雑徭条集解穴記

穴云、中男四人、同一正丁、但格中男出作物者、然則調及雑徭並無、

B　安穏条例

①賦役令1調絹絁条集解古記所引養老元年十二月二日格

養老元年十二月二日格云、調布長肆丈弐尺、闊弐尺肆寸、一丁輸弐丈捌尺、庸布壱丈肆尺、幷肆丈弐尺、即以為端、常陸曝布以三丁成両端、上総細布長弐丈壱尺、以二丁成、望多布長壱丈肆尺、以三丁成端、其輸絁郷及上総常陸者、以二丁之庸成段、

②賦役令4歳役条集解古記所引養老元年十二月二日格

養老元年十二月二日格云、庸布、布輸一人一丈四尺、以二丁之庸布成段、

③『続日本紀』養老三年五月辛亥（二十三日）条

制、定諸国貢調短絹、狭絁、麁狭絹、美濃狭絁之法、各長六丈、闊一尺九寸、

C　絹・絁・糸・布の規格の変遷

①『続日本紀』和銅六年二月壬子（十九日）条

始制度量調庸義倉等類五条事、語具別格、

②賦役令4歳役条集解古記所引和銅六年二月十九日格

和銅六年二月十九日格云、其庸布以二丁成段、長二丈六尺、

③『続日本紀』養老元年四月癸未（十四日）条

太政官奏、定調庸斤両及長短之法、語在別式、

④『続日本紀』天平元年三月癸丑（二十三日）条

太政官奏曰、令諸国停四丈広絁、皆成六丈狭絁、

⑤『続日本紀』天平八年五月辛卯（十二日）条

諸国調布、長二丈八尺、闊一尺九寸、庸布長一丈四尺、闊一尺九寸、為端貢之、常陸曝布、上総望陁細貲、安房細布及出絁郷庸布、依旧貢之、

⑥天平十二年越前国江沼郡山背郷計帳（『大日本古文書』二―二七七頁）

戸主江沼臣族忍人戸計帳手実

（中略）

課口拾弐人
中男参人
見輸玖人
半輸陸人兵士一　逃一
侍三　郷長一
全輸参人
輸調絁弐疋壱丈五尺

⑦正倉院古裂銘文（松島順正編『正倉院宝物銘文集成』）

a上野国多古(胡)郡八□(男)郷上毛野朝臣甥調布壱端長四丈二尺
広二尺四寸天平十三年十月

b上野国佐位郡佐位郷戸主梔前部黒麻呂庸布壱段長二丈八尺
広二尺四寸　天平感宝元年八月
主当国司介正六位上勲十二等茂□□□
郡司大領外梔前部君賀味麻呂

c信濃国筑摩郡山家郷戸主物部東人戸口小長谷部尼麻呂調并庸壱端長四丈二尺
広二尺四寸主当国医師大初位上威上連
郡司大領外正七位上他
柑足
田舎人国麻呂天平勝宝四年十月

d讃岐国鵜足郡門津郷□□(河内カ)部宮麿調絁壱匹長六丈
広一尺九寸　天平十八年十月

⑧『続日本紀』天平宝字三年九月戊寅（十五日）条

乾政官奏、百姓輸調、其価不同、理須折中以均賦役、（中略）伏聴天裁、奏可、事在別式、

D　中男作物

①平城宮出土木簡（『平城宮木簡』一）

a・参河国宝飫郡篠束郷中男作物小擬六斤
・天平十八年九月廿日（三五六）

b・越中国羽咋郡中男作物鯖壱伯隻
・天平十八年 広椅 「大庭」(別筆)（三五七）

②『続日本紀』天平宝字八年十月甲戌（十一日）条

勅曰、天下諸国、不得養鷹狗及鵜以畋猟、又諸国進御贄雑完魚等類悉停、又中男作物、魚完蒜等類悉停、以他物替充、但神戸不在此限、

（参考）平城宮出土木簡（『木簡研究』五）

・駿河国志太郡正丁作物布乃理一籠×
・天平勝宝六年十月

E　式の規定

①『延喜式』　主計上　諸国調条（五九八頁）参照

②『延喜式』　主計上　諸国庸条（五九九頁）参照

③『延喜式』　主計上　中男作物条（五九九頁）参照

〔解説〕

(a)絹・絁・糸・布について安穏条例を作り、賦課の適正化を図ること、(b)調副物と中男正調を廃止し、中男を役して所司の年別用度をまかなうことを定め、賦役令調絹絁条を改定した格。

(a)の部分に関して、糸については、史料上具体的にうかがうことができないが、布については、本格にいう安穏条例の一部にあたるものとみられる養老元年十二月二日格（B①②）によって、規格および合成法が定められたことが知られる。その後、天平八年にも調布・庸布の規格を改定したことが知られるが（C⑤）、正倉院に現存する布の規格は養老元年の規格に一致しており（C⑦a～c）、延喜式の規定も養老元年の規定と一致する（E①②）。また絹・絁については、養老三年の規格改定が注目される（B③）。本格とは日時が隔たるため、これを安穏条例そのものとみなすことには問題があるが、本格にもとづく具体的な改定の一環としてとらえることは可能であろう。この養老三年の規格は、正倉院に現存する調絁の規格と一致し（C⑦d）、延喜式の調絹絁の規定とも一致する（E①）。従って、本格にもとづき安穏条例などによって定められた規定は、ほぼ延喜式に継承されたと考えられ、弘仁式にもほぼ同様の規定が存在していたことが推定できよう。

(b)の部分は、いわゆる中男作物という新たな賦課制度のはじまりと解されるものである。中男作物については、平城宮から出土した木簡（D①ａｂ）によって、実際に貢進された品目や数量が確認でき、また郡もしくは郷を貢進単位とする場合が多い事などの特徴も明らかとなってきている。また、格中にいう中男の功が不足した場合との関連で、「正丁作物」と明記した木簡が出土したことも注目される（D参考）。一方、延喜式には調や庸の場合と同じく、中男一人あたりの輸作物として各品目の定額が規定されている（E③）。おそらく、弘仁式にも中男作物に関する規定が存在していたと推定されるが、その具体的な内容を考える場合、本格中の国に付し中男を役すという文言や、木簡などから推察される中男の集団による貢進と、延喜式の規定との関係、すなわち、中男作物の制度としての実態と、その養老元年から延喜式の段階にいたる変遷について、より一層の解明が必要である。

本格については、賦課制度の改定に関わるものとして、その政策上の位置付けなどをめぐって、多くの議論があるが、弘仁格として考えた場合、民上7・民上8に連なる格として、調庸の主体である繊維関係の品目の規格の改定、および調副物・中男正調の廃止と中男作物の制定による、調庸負担の適正化あるいは軽減化に重点をおいて配列しているものと考えられる。

（傳田伊史）

〔参考文献〕

喜田新六「調の絹絁布について」（『歴史地理』六五―二）

薗田香融「律令財政成立史序説」（『日本古代財政史の研究』）

直木孝次郎「贄に関する二、三の考察」（『飛鳥奈良時代の研究』）

塩田陽一「年料別貢雑物制について」(『ヒストリア』五三)
平野博之「中男と少丁」(『日本歴史』二八一)
玉置悦子「調制に関する一考察」(『寧楽史苑』一八)
梅村喬「民部省勘会制の成立」(彌永貞三先生還暦記念会編『日本古代の社会と経済』上、所収)
勝浦令子「律令制支配と年令区分」(『続日本紀研究』一九一)
長山泰孝「八世紀における調庸制の変遷」(『続日本紀研究』一九九)
村松英雄「中男作物制に関する一試論」(『続日本紀研究』二三三)
樋口知志「中男作物制の成立に関する覚書」(『宮城歴史社会研究』二三)

235 〔民上10〕 応禁調庸麁悪幷便附在京司等事　延暦廿一年八月廿七日

『類聚三代格』巻八　調庸事

太政官符
　応禁調庸麁悪幷便附在京司等事
右被右大臣宣偁、奉　勅、諸国調庸専当歴名、附大帳使依例申送、而使人預知物麁悪規求遁去、遂称病故、便附在京司等、調物濫悪従此而生、即法令雖有科条、所在罕能遵奉、今須如是之類、及在京司幷他

使等輙相代奉使者、同奪公廨務令懲革、

延暦廿一年八月廿七日

○『類聚三代格』巻十二 諸使幷公文事 承和七年五月二日官符所引延暦二十一年八月二十七日格

延暦廿一年八月廿七日格偁、右大臣宣、奉 勅、諸国調庸専当歴名、附大帳使依例申送、而使人予知物麁悪規求遁去、遂称病故便附在京国司等、調物濫悪従此而生、即此法令雖有科条、所司罕能遵奉、今須如是之類及在京司幷他使等輙相代奉使者同奪公廨、務令懲革者、

A 令の規定

①賦役令3調庸物条

凡調庸物、毎年八月中旬起輸、近国十月卅日、中国十一月卅日、遠国十二月卅日以前納訖、其調糸、七月卅日以前輸訖、若調庸未発本国間、有身死者、其物却還、其運脚均出庸調之家、皆国司領送、不得僦勾随便糴輸、

②倉庫令10調庸物応送京条逸文

調庸等物、応送京者、皆依見送物数色目、各造簿一通、国明注載進物色数、附綱丁等、各々送所司、

各送所此号門文、須任門文全進納

B　調庸麁悪と対国司策

①『続日本紀』霊亀元年五月甲午（十四日）条

詔曰、凡諸国運輸調庸、各有期限、今国司等、怠緩違期、遂妨耕農、運送之民、仍致労擾、非是国郡之善政、撫養之要道也、自今以後、如有此類、以重論之、又海路漕庸、輙委惷民、或已漂失、或多湿損、是由国司不順先制之所致也、自今以後、不悛改者、節級科罪、所損之物、即徴国司、

②『類聚三代格』巻十二　諸司幷公文事　承和九年正月二十七日官符所引宝亀六年六月二十七日格

宝亀六年六月廿七日格云、貢調庸使者必進専当国司目已上、縦不入京、追坐専当、

③『貞観交替式』30

応責国郡司受使無返抄事

右内大臣宣、奉　勅、牧宰之輩、就使入京、或無返抄、独帰任所、或称身病益日京下、不遂所附公使之政、求預考例、兼得公廨雑物未進、大概由件、姧民規避、拙吏忘催、公用之日、還費正税、於理商量、甚乖治道、自今已後、若有此類、了政之間莫預釐務、国司奪料、附帳申送、郡司解任、更

用幹了、聴許之司亦同此例者、省宜承知、永為恒例、所積未進、一令尽進、其神寺及諸家封物未進、亦宜准此、

宝亀十年八月廿五日

○『続日本紀』宝亀十年八月庚申（二十三日）条参照

○『続日本紀』延暦六年七月丙子（二十五日）条参照

④『類聚三代格』巻十二　諸使幷公文事　承和九年正月二十七日官符所引天応元年八月二十八日格

天応元年八月廿八日格云、調庸専当国司附計帳使申上、必令進上不獲逗留相替者、

⑤『続日本紀』延暦四年五月戊午（二十四日）条

勅曰、貢進調庸具著法式、而遠江国所進調庸、濫穢不堪官用、凡頃年之間、諸国貢物、麁悪多不中用、准量其状、依法可坐、自今以後、有如此類、専当国司、解却見任、永不任用、自余官司、節級科罪、其郡司者加決罰以解見任、兼断譜第、

⑥『続日本紀』延暦四年七月辛酉（二十八日）条

土左国貢調愆期、其物亦悪、勅国司目已上、並解見任、

⑦『類聚三代格』巻七　牧宰事　延暦五年四月十一日勅〔民上1〕

⑧『続日本紀』延暦八年五月丙辰（十五日）条

先是諸国司等、奉使入京、無返抄帰任者、不預釐務、奪其公廨、而在国之司、偏執此格、曾不催領、専煩使人、於是、始制、如此之類、不問入京与在国、共奪目已上之料、但遙附便使、不在奪限、

⑨『延暦交替式』41

太政官符

一雑米未進事

（中略）

一調庸未進事

右去延暦八年五月十五日下諸国符偁、得備中国朝集使介従五位下下毛野朝臣年継解状偁、去年十月奉使入京、而当年調物便附年継、依有未進、雖数遣催在国之官曾不存心、謹検太政官去宝亀十年八月廿三日符偁、入京公使無返抄者、不預釐務、奪料申送者、今国司等偏存此符、専累使人、無心催領、奉使之徒労苦京下、還任之日即奪公廨、在国之宰曾無相催、班料之日競望優給、未進不絶、則由於此、望請、如此之類、不論彼此、同奪其料者、官判、目已上公廨其奪申上、但遙附便附者不在奪例者、

以前、承前条例如件、今被右大臣宣、奉 勅、依少奪多、事実不穏、而斛米疋絹、一物未進、則偏称格式、悉奪公廨、於事思量、深乖弘恕、自今以後、宜国司史生已上各作差法、准未進数割其公廨、随色弁備、進納京庫、但其未進之物、徴収以充公廨、其省寮計会、毎年勘出、然則未進之源従此而絶、自余事条一依先符者、省宜承知、准 勅施行、

延暦十四年七月廿七日

○『貞観交替式』24参照

⑩『類聚三代格』巻十二 諸使幷公文事

太政官符

不可遙附公文事

右被大納言正三位紀朝臣古佐美宣偁、奉 勅、参議已上左右大弁八省卿者、任典群寮、所掌亦重、而今所帯諸国遙附公文、参対諸司、触事不便、自今以後宜停遙附、

延暦十六年正月廿三日

C

『貞観交替式』27

〔民上14〕B③参照

D　式の規定

『延喜式』　民部上（五六八頁）

凡調庸専当者、差目以上幷郡司少領已上強幹干事者、毎年相換、但小郡者二年差領、一年差主帳、其歴名附大帳使申送官、

〔解説〕

調庸麁悪、並びに貢調使（調庸専当）が在京国司に使者の任務を委ねること（遙付）、および入京する他使に使者の任務を委ねること（便付）を禁止した格。

調庸についての令の規定（A①②）は、早くから空文化していたので、調庸確保の格が発せられることになった。貢納責任について、初期には国司の共同責任とされたが（B①）、やがて貢調庸使者にも専当国司制を採用し（B②）、公文を奉じて入京する公使がその任務を履行しない場合には公廨を奪うこと（B③）、専当国司の名簿は計帳使に授けて進上すること（B④）、調庸麁悪は専当を解却し永く任用しないこと（B⑤）などが定められ、便使に遙付は公解を奪う限りにあらず（B⑧）とされていた。本格では以上の先行規定を受け、在京国司や

他司でも貢調使に代って使者となった者は、専当国司と同じように公廨を奪いこれを懲革せしめる規定であり、便付・遙付に対する罰則規定がなかった延暦交替式41（B⑨）を一部改定したものである。（仁藤敦史）

〔参考文献〕

原田重「国司連座制の変質についての一考察」（『九州史学』一〇）
早川庄八「律令財政の権造とその特質」（『日本経済史大系1　古代』所収）
長山泰孝「調庸違反と対国司策」（『律令負担体系の研究』）
吉岡眞之「延暦交替式二題」（彌永貞三先生還暦記念会編『日本古代の社会と経済』下、所収）
吉沢幹夫「専当国司制についての再検討」（関晃先生還暦記念『日本古代史研究』所収）
寺崎保広「調庸違反と専当官についての管見」（『国史談話会雑誌』二一）
福井俊彦「弘仁格二題」（『日本歴史』四二一）
山本幸男「調庸違反をめぐる一考察」（『続日本紀研究』二二八・二二九）

236〔**民上11**〕応調庸麁悪及違期未進依律科罪、各令塡納事　大同二年十二月廿九日

『類聚三代格』巻八　調庸事

太政官符

応調庸麁悪及違期未進依律科罪各令塡納事

右案廏庫律云、応輸課税及入官之物而巧偽濫悪者、計所闕准盗論、主司知情与同罪、賊盗律云、竊盗一尺杖六十、一端加一等、五端徒一年、五端加一等、卌端遠流、是麁悪之罪也、戸婚律云、輸課税之物、違期不充者、以十分論、一分笞卌、一分加一等、国郡皆以長官為首、佐職節級連坐、注云、全違期不入者徒二年、是未進之罪也、被右大臣宣偁、奉　勅、貢調違期、輸物濫悪、法有恒科、理合遵行、而国郡怠慢不憚憲章、仍承前立格、数施厳制、主典已上差充専当、如有違闕解任決罰、使無返抄不預釐務、相代奉使同奪公廨、而国郡官司曾不改悛、空設条章、何能懲粛、加以使未了事、偏不預釐務、傍官有故、誰可従政、夫罰不レ在重、法貴必行、准拠法律実足懲革、自今以後、宜改前格一依律条、更莫寛宥、但使差主典以上公勤幹了者充之、若有未進者、宜依延暦十四年七月廿七日符、上下作差割公廨料弁備令進、

大同二年十二月廿九日

○『貞観交替式』25

応調庸麁悪及違期未進依律科罪各令塡納事

右廏庫律云、応輸課税、及入官之物、而巧偽濫悪者、計所闕、准盗論、主司知情与同罪、賊盗律云、

竊盗一尺杖六十、一端加一等、五端徒一年、五端加一等、卌端遠流、是麁悪之罪也、戸婚律云、輸課税之物、違期不充者、以十分論、一分笞卌、一分加一等、国郡皆以長官為首、佐職節級連坐、注云、全違期不入者、徒二年、是未進之罪也、被右大臣宣偁、奉　勅、貢調違期、輸物濫悪、法有恒科、理合遵行、而国郡怠慢、不憚憲章、仍承前立格、数施厳制、主典已上、差充専当、如有違闕、解任決罰、使無返抄、不預釐務、相代奉使、同奪公廨、而国郡官司、曾不改悛、空設条章、何能懲粛、加以使未了事、偏不預釐務、傍官有故、誰可従政、夫罰不在重、法貴必行、准拠法律、実足懲革、自今以後、宜改前格、一依律条、更莫寛宥、但使差主典以上公勤幹了者　充之、若有未進者、宜依延暦十四年七月廿七日符、上下作差、割公廨料、弁備令進、

大同二年十二月廿九日

○『政事要略』巻五十一　交替雑事　調庸未進事　延暦十四年七月二十七日官符「交替式私記」

交替式云、太政官符、一調庸未進事（中略）

私記云

太政官符

応調庸麁悪及違期未進依律科罪各令塡納事

右、廏庫律云、応輸課税及入官之物、而巧偽濫悪者、計所闕准盗論、主司知情与同罪、賊盗律云、竊盗一尺杖六十、一端加一等、五端徒一年、五端加一等、卌端遠流、是麁悪之罪也、戸婚律云、輸課税之物、違期不充者、以十分論、一分笞卌、一分加一等、国郡皆以長官為首、佐職節級連坐、注云、全違期不入者徒二年、是未進之罪也、被右大臣宣偁、奉　勅、貢調違期、輸物濫悪、法有恒科、理合遵行、而国郡怠慢、不憚憲章、仍承前立格、数施厳制、主典已上差充専当、如有違闕、解任決罰、使無返抄、不預釐務、相代奉使、同奪公廨、而国郡官司、曾不改悛、空設条章、何能懲粛、加以使未畢事、偏不預釐務、傍官有故、誰可従政、夫罰不在重、法貴必行、准拠法律、実足懲革、自今以後、宜改前格、一依律条、更莫寛宥、但使差主典以上公勤幹了者充之、若有未進者、宜依延暦十四年七月廿七日符、上下作差、割公廨料、弁備令進、

大同二年十二月廿九日

○『政事要略』巻五十一　交替雑事　調庸未進事

交替式云、太政官符

応調庸麁悪及違期未進、依律科罪、各令塡納事

右、廏庫律云、応輸課税及入官之物、而巧偽濫悪者、計所闕准盗論、主司知情与同罪、賊盗律云、竊

盗一尺杖六十、一端加一等、五端徒一年、五端加一等、卅端遠流、是鹿悪之罪也、戸婚律云、輸課税之物、違期不充者、以十分論、一分笞卅、一分加一等、国郡皆以長官為首、佐職節級連坐、注云、全違期不入者徒二年、是未進之罪也、被右大臣宣偁、奉　勅、貢調違期、輸物濫悪、法有恒科、理合遵行、而国郡怠慢、不憚憲章、仍承前立格、数施厳制、主典已上、差充専当、如有違闕、解任決罰、使無返抄、不預釐務、相代奉使、同奪公廨、而国郡官司、曾不改悛、空設条章、何能懲粛、加以使未畢事、偏不預釐務、傍官有故、誰可従政、夫罰不在重、法貴必行、准拠法律、実足懲革、自今以後、宜改前格、一依律条、更莫寛宥、但使差主典以上公勤幹了者充之、若有未進者、宜依延暦十四年七月廿七日符、上下作差割公廨料、弁備令進、

大同二年十二月廿九日

A　律令の規定

①賦役令3調庸物条

〔民上10〕A①参照

②廏庫律22応輸課税条逸文（格文参照）

③賊盗律35竊盗条

凡竊盗不得財、笞五十、一尺杖六十、一端加一等、五端徒一年、五端加一等、五十端加役流、

④戸婚律25輸課税物違期条逸文（格文参照）

B

調庸麁悪と対国司策

〔民上10〕B①～⑩参照

C

『類聚三代格』巻十二　諸使幷公文事

太政官符

応復旧勘諸国貢調国郡司違期事

右得民部省解偁、被太政官去承和九年七月五日符偁、得彼省解偁、太政官去大同二年十二月廿九日符偁、案廐庫律云、応輸課税及入官之物、而巧偽濫悪者計所闕准盗論、主司知情与同罪、賊盗律云、竊盗一尺杖六十、一端加一等、五端徒一年、五端加一等、卅端遠流、是麁悪之罪也、戸婚律云、輸課税之物違期不充者、以十分論、一分笞卅、一分加一等、国郡皆以長官為首、佐職節級連坐、注云、

全違期不充者徒二年、是未進之罪也、右大臣宣、奉　勅、貢調違期輸物濫悪、法有恒科、理合遵行、而国郡怠慢不憚憲章、仍承前立格数施厳制、主典以上差充専当、如有違闕解任決罰、使無返抄不預釐務、相代奉使、同奪公廨、而国郡官司曾不改悛、空設条章、何能懲粛、加以使未畢事、偏不預釐務、傍官有故誰可従政、夫罰不在重、法貴必行、准拠法律、実足懲革、自今以後、宜改前格一依律条、更莫寛宥、但使差主典以上公勤幹了者充之、若有未進者、宜依延暦十四年七月廿七日符、上下作差割公廨料弁備令進者、而天長八年六月十六日宣旨云、奉　勅、准拠法意陥罪者衆、宜専当国司送刑部省科勘之、郡司官当徒罪及贖銅之類止送刑部省、惣於民部省決罰之者、今熟検案内、精捜事情、大同之格出而不用、天長宣旨行而有妨、何者有罪郡司深畏厳罰、参省者寡、還国者衆、因茲年中勘決不過十人、逋逃之徒随以申官、即付国司便令決罰、曾不懲革愈致緩怠、此之為事実非公勤、謹案天長元年八月廿日騰　勅符、以専当国郡司為首、由斯言之不可必以長官為首、望請、件使幷郡司等所犯具録申官、々付所司令科断、随申断罪下官符、然則軽重能別、違闕自止、又在国之吏理須相労、若有可労而不労者、使殊修解申官下知、至有違犯節級科附、謹請　官裁者、正三位行中納言藤原朝臣吉野宣、奉　勅、依請者、省宜始自今年依宣行之者、遵行未幾、緩怠還倍、案其事緒、良有以矣、断罪之科責雖重、経年月而始知、身決之眞事似軽、停皮膚而立受、以此二課試彼万人、畏

軽寘者衆、謹重科者寡、朝章之用備於懲粛、望請、復天長八年六月十六日宣旨、依前行之、謹請官裁者、左大臣宣、奉　勅、依請、

承和十一年七月廿六日

D　式の規定

①『延喜交替式』126

凡貢調使者、差主典已上公勤幹了者充之、

②『延喜交替式』127

凡調庸麁悪及違期未進、依律科罪、各令塡納、廏庫律云、応輸課税及入官之物而巧偽濫悪者、計所闕准盗論、主司知情与同罪、賊盗律云、竊盗一尺杖六十、一端加一等、五端徒一年、五端加一等、卌端遠流、是麁悪之罪也、戸婚律云、輸課税之物、違期不充者、以十分論、一分笞卌、一分加一等、国郡皆以長官為首、佐職節級連坐、注云、全違期不入者、徒二年、是未進之罪也、

〔解説〕

調庸の麁悪・違期・未進の増加に対処するため、延暦交替式41（民上10B⑨）を部分的に改めた格。

延暦交替式41においては、調庸未進の塡納法として、国司史生以上が差法をなして未進数に準じて公廨を割いて弁備することとした上で、違反国郡司の処罰に関しては、先符の諸規定、すなわち、返抄の得られない公使は釐務に預らせないこと（民上10B③）、専当国司は現任解却の上永く任用しないこと、自余の官司は節級し

て科罪すること、郡司は決罰を加えて現任を解き、譜代を絶つこと（以上、民上10B⑤）等の諸規定を継承することとされていた。

こうした処罰規定によっても、調庸の麁悪・違期・未進という状態が一向に解消されないことから、本格で、未進塡納法は延暦交替式41の規定を継承しながら、(a)専当国司には主典以上の公勤幹了者を当てることとして専当制を強化すると共に、(b)廏庫律応輸課税条（A②）、賊盗律竊盗条（A③）、戸婚律輸課税物違期条（A④）により処罰すること、すなわち、専当国司にのみ重い責任を負わせる従来の処罰規定を改め、律の原則である連坐制へ復帰することにしたものと思われる。本格の規定は、弘仁格編纂時においても有効であったと考えられ、このことは、律令の原則への復帰という大同期の政治基調が、弘仁期にも法的には継承されていることを示すものと思われる。

本格は、この後、貞観交替式25に収められ、(a)からは延喜交替式126が、(b)からは延喜交替式127が成立することになる。

なお、本格は、延暦交替式41の改定という点で、民上10と一連のものである。

（渡部光樹）

〔参考文献〕

門脇禎二「大同期政治の基調」（『日本歴史』一六〇）
福井俊彦『交替式の研究』第四章・第六章
林陸朗「『延暦交替式』の実効力」（『国史学』一二〇）
その他、民上10〔参考文献〕参照。

237〔民上12〕応差計帳使事　弘仁九年六月十七日

『類聚三代格』巻十二　諸使幷公文事

太政官符

応差計帳使事

右案太政官去弘仁六年十一月廿七日下諸国符偁、四度使外臨時諸使、往還繁多民疲迎送、宜正税計帳二使公文、便附朝集使以省民弊者、今以九年計帳、便附八年朝集使、即彼八年朝集税帳之政、九年四月以前並是勘畢、起自五月至于八月、為待計帳徒居京下、因玆在国之吏乏人行事、奉使之輩猶苦無粮者、被大納言正三位兼行左近衛大将陸奥出羽按察使藤原朝臣冬嗣宣偁、奉　勅、計帳公文宜差専使、自余之事一同前符、

弘仁九年六月十七日

○『政事要略』巻五十六　交替雑事　四度使事

弘民格云、応差計帳使事

右案太政官去弘仁六年十一月廿七日下諸国符偁、四度使外分臨時諸使、往還繁多、民疲迎送、宜正税計帳二使公文、便附朝集使以省民弊者、今以九年計帳便附八年朝集使、即彼八年朝集税帳之政、九年四月以前並是勘畢、起自五月至于八月、為待計帳徒居京下、因茲在国之吏乏人行事、奉使之輩、猶苦無粮者、被大納言正三位兼行左近衛大将陸奥出羽按察使藤原朝臣冬嗣宣偁、奉　勅、計帳公文、宜差専使、自余之事、一同前符、

弘仁九年六月十七日

（参考）『日本後紀』弘仁六年十一月甲午（二十八日）条

是日、令諸国正税計帳両使、便附朝集使、不聴別差使、以省郵駅迎送也、

A　令の規定

①戸令18造計帳条

凡造計帳、毎年六月卅日以前、京国官司、責所部手実、具注家口、年紀、若全戸不在郷者、即依旧籍転写、并顕不在所由、収訖、依式造帳連署、八月卅日以前、申送太政官、

②賦役令5計帳条

凡毎年八月卅日以前、計帳至付民部、主計計庸多少、充衛士、仕丁、采女、々丁等食、以外皆支配役民雇直及食、九月上旬以前申官、

③考課令1内外官条

凡内外文武官初位以上、毎年当司長官、考其属官、応考者、皆具録一年功過行能、並集対読、議其優劣、定九等第、八月卅日以前校定、京官畿内、十月一日、考文申送太政官、外国、十一月一日、附朝集使申送、考後功過、並入来年、若本司考訖以後、省未校以前、犯罪断訖、准状合解及貶降者、仍即附校、有功応進者、亦准此、無長官、次官考、

④考課令61大弐以下条

〔民上1・2〕A④参照

⑤公式令51朝集条

凡朝集使、東海道坂東、東山道山東、北陸道神済以北、山陰道出雲以北、山陽道安芸以西、南海道土左等国、及西海道、皆乗駅馬、自余各乗当国馬、

B　計帳使・大帳使

①『類聚三代格』巻八　農桑事　養老七年八月二十八日官符〔民中46〕

太政官符

畿内七道諸国耕種大小麦事

（中略）

其耕種町段、収穫多少、毎年具録、附計帳使申上、

養老七年八月廿八日

②出雲国計会帳（『大日本古文書』一―五九七頁）

一同月十九日進上水精玉壱伯伍拾顆事

（中略）

右捌条、附大帳使史生大初位上依網連意美麻呂進上

（後略）

③『万葉集』巻十七　三九六一

以八月（天平十八年）、掾大伴宿禰池主、附大帳使、赴向京師、而同年十一月、還到本任、（後略）

④『万葉集』巻十九　四二四九

便附大帳使、以（天平勝宝五年）八月五日、応入京師、（後略）

⑤『万葉集』巻十九　四二五〇

（前略）大帳使大伴宿禰家持、（後略）

C　例外規定

①『類聚三代格』巻十二　諸使并公文事　弘仁九年十一月三日官符〔式下71〕

太政官符

応差志摩飛驒両国朝集使事

右太政官去六月十七日下五畿内七道諸国符偁、案太政官去弘仁六年十一月廿七日下諸国符偁、四度使外臨時諸使、往還繁多、民疲迎送、宜正税計帳二使公文便附朝集使、以省民弊者、今以九年計帳便付八年朝集使、即彼八年朝集税帳之政、九年四月以前並是勘畢、起自五月至于八月、為待計帳、徒居京下、因玆在国之吏乏人行事、奉使之輩猶苦無粮者、被大納言正三位兼行左近衛大将陸奥出羽按察使藤原朝臣冬嗣宣偁、奉　勅、計帳公文宜差専使、自余之事一同前符者、諸国承知依宣行之、其志摩飛驒両国守目二員、政多人少、不足差使、宜朝集已下諸使聴差目以下、立為恒例、

弘仁九年十一月三日

②『類聚三代格』巻十二　諸使幷公文事

太政官符

応差算師充税帳使便附計帳公文事

右太政官去弘仁九年六月十七日下大宰府符偁、案太政官去弘仁六年十一月廿七日下諸国符偁、四度使外臨時諸使、往還繁多民疲迎送、宜正税計帳二使公文、便附朝集使、以省民弊者、今以九年計帳便付八年朝集使、即彼八年朝集税帳之政、九年四月以前並是勘畢、起自五月至于八月、為待計帳徒居京下、因茲在国之吏乏人行事、奉使之輩猶苦無粮者、被大納言正三位兼行左近衛大将陸奥出羽按察使藤原朝臣冬嗣宣偁、奉　勅、計帳公文宜差専使、自余之事一同前符者、自爾以降、彼府税帳便以付朝集使、今検式例、諸国進税帳期同限二月、其府税帳別限五月、又検太政官去弘仁五年正月十三日下式部省符偁、得府解偁、管内公文触類繁多、算師一人専労勘会、入都之使遂差他官、至被勘出不堪弁申、望請、労加一人毎年相換将令向京者、右大臣宣、奉　勅、依請者、今被右大臣宣偁、勘弁之事尤在税帳、五月八月相待不久、自今以後、税帳之使宜差算師、計帳公文便付同使、

弘仁十三年四月十五日

③『類聚三代格』巻十二　諸使幷公文事

太政官符

応計帳公文便附朝集使事

右得陸奥国解偁、頃年朝集使例附税帳公文、因茲朝集之政雖畢稽滞之煩無息、遂超年月復渉秋冬、今計帳使九月上道、進発同時累路多苦、望請、件等公文附朝集使為例言上、然則路次省疲、駅子息肩、唯正税帳使別差専使進上、謹請　官裁者、右大臣宣、奉　勅、依請、

承和十一年四月一日

④『類聚三代格』巻十二　諸使幷公文事

太政官符

応附朝集使進大帳事

右得出羽国解偁、件公文依太政官去弘仁十年五月廿八日符旨差使、九月進官、朝集使亦依例十月上道、両使駱駅路次多弊、望請、准陸奥国大帳永附朝集使進上、但税帳別差専使将進、謹請　官裁者、右大臣宣、依請、

嘉祥二年閏十二月廿六日

D　式の規定

①『延喜式』太政官（三四一頁）

凡諸国考選文及雑公文、附朝集使、十一月一日進弁官、如諸司儀、事見儀式、訖弁官惣計造目申太政官、及下式部兵部、亦同上例、其番上考文二日送省、

②『延喜式』民部上（五六八頁）

凡諸国調庸専当者、（中略）其歴名附大帳使申送官、

③『延喜式』民部下（五八〇頁）

凡進正税帳者、皆限二月卅日以前、並申送官、但西海道諸国幷嶋、二月卅日以前送太宰府、府以加覆勘、五月卅日以前申官、

④『延喜式』民部下（五八〇頁）

凡計帳者、陸奥、出羽両国、太宰府、九月卅日以前申送、余国如令、

〔解説〕

正税帳・計帳を朝集使に便附することとした弘仁六年十一月廿七日官符を改めて、計帳に関しては専使を差すべきことを定めた格。

計帳使（大帳使）は、養老七年八月廿八日官符（B①）、天平六年出雲国計会帳（B②）、万葉集（B③④⑤）をはじめとして、初期荘園の公験や官符からその存在を確認できるが、令に明確な規定は見えない。従って、本格は、計帳の申送期限を規定する戸令18造計帳条の補足規定であると言えよう。

朝集使、大帳使、正税帳使、貢調使、及びそれらを総称した一つの概念としての四度使は、既に奈良時代から存在していたと考えられているが、弘仁六年十一月二十七日官符により、往還が繁多で民が迎送に疲れることを理由に、正税・計帳二使を廃して、両帳を朝集使に便附することに改められた。ところが、各帳の京送期限の相違（正税帳は二月三十日以前、計帳は八月三十日以前）から、十一月一日に上京した朝集使が、朝集・税帳両帳の勘申が終了する翌年四月以降、さらに計帳が太政官に申送される八月三十日まで在京しなければならなくなった。朝集使には国司目以上が分番することが原則であったから（A④）、国務に支障が生じ、また、在京期間の長期化に伴い使の粮も不足するため、計帳に関しては、従来通り専使をあてることにしたものである。

なお、本格の規定は、大宰府に関して、税帳の京進期限の特殊性（諸国は二月三十日以前、大宰府は五月三十日以前）から、朝集使の他に税帳使を差し、計帳を税帳使に附すこと（C②）、陸奥・出羽両国に関して、朝集使に計帳を附し、かわりに税帳使を差すことに変更されたが（C③④）、以外は原則として変更されなかったと考えられる。

（渡部光樹）

〔参考文献〕

坂本太郎「朝集使考」（『日本古代史の基礎的研究』下、坂本太郎著作集では第七巻）
喜田新六「国の四度使と公文の勘申」（『歴史教育』八―九・一〇・一一）

早川庄八「天平六年出雲国計会帳の研究」(坂本太郎博士還暦記念会編『日本古代史論集』下、所収)
鎌田元一「計帳制度試論」(『史林』五五―五)
福岡猛志「計帳制度についての一考察」(彌永貞三先生還暦記念会編『日本古代の社会と経済』上、所収)

238 〔民上13〕 応処分公廨事　同(弘仁)十年十二月廿五日

『類聚三代格』巻六 公廨事

応処分公廨事

太政官符

右造式所起請偁、太政官去延暦廿二年二月廿二日符偁、去延暦五年六月一日格偁、検宝亀三年八月十五日格偁、前人出挙、後人収納、彼此有功、宜共半分者、今出挙収納、労逸不均、自今以後宜革此例、一依天平宝字元年十月一(十脱カ)日式、収納之前蓋着任之意耳者、入於後人、収納之後者、令入前人者、如聞、諸国所行、頗有不穏、何者前人在任、秋冬徴収、新人後到、纔逢限月、依格公廨全入後人、今量労逸、実乖穏便、或有収納未畢国司身亡、孤遺之輩、艱苦難言、自今以後、宜改此格、七月已後、遷代国司彼此半分、以均苦楽、六月已前、全入後人者、検案内去天平十七年始置公廨、自兹以降、処分之法屢経改張、或以出挙収納為期、或取遷替之月為限、並皆事違人情、理渉偏頗、因兹自昔至今、争論途繁、仮有前人春首初任、夏季得替、准拠後格、当年公廨、全給後人、而前人或遭父母喪、去職空帰、徒失半年之労、不免塡欠之累、或不幸身亡、妻子独存、無由還家、流離他郷、或一年頻遷、数処得料、或自近拝遠、中路失分、如斯之類、触事多端、仍案唐永徽禄令云、諸禄並依日給、京官拠詔書出日、外官拠籤符到日給者、今若一年公廨惣計為分、各准歴任日数班給、則新旧之吏、甘心受賞、競争之源、従兹永絶者、大納言正三位兼行左近衛大将陸奥出羽按察使藤原朝臣冬嗣宣、奉　勅、依請、宜付所司施行、

弘仁十年十二月廿五日

B　公廨稲の設置

①『延暦交替式』33

公廨

大国肆拾万束

上国参拾万束

中国弐拾万束就中大隅、薩摩二国各四万束、
下国壱拾万束就中飛驒、隠岐、淡路三国各三万束、志摩国、壱岐嶋各一万束、
太政官奏、諸国司等割留正税、出挙之式、請依前件、以為公廨之料、若有正税数少、及民不肯挙者、不必満限、其官物欠負未納之類、以茲令塡、不許更申、

天平十七年十一月廿七日

○『続日本紀』天平十七年十一月庚辰（二十七日）条参照

②『延暦交替式』35

太政官宣、官物欠負及未納物応償塡事、検案内、太政官去天平十八年正月一日符偁、諸国司等割留正税、以為公廨之料、若有正税数少、及民不肯挙者、不必満限、其官物欠負未納之類、以茲令塡、不許更申、臣等商量如前、今録事状、伏聴　天裁、奉　勅、依奏者、国宜承知、准状施行者、如聞、諸国公廨稲、或者前後国司、同分入己、或者彼此相競、紛紜無極、並正税帳輙注欠数、理須奉遵朝範、勘審官物、豈得隠欺為事、貪濁為心、曾不謹公日益私室哉、故今作科条具如左、

（中略）

以前、被大納言従二位藤原朝臣仲麻呂宣、具件如右、国司宜承知、自今以後永為恒例、

天平勝宝七年七月五日

③『類聚三代格』巻十四　塡納事　弘仁五年七月二十日官符〔民中29〕

太政官符

応官物欠負国司共塡事

右々大臣奏状偁、太政官去天平三年四月廿七日奏、幷天平勝宝七年七月五日符、及勘解由使所奏交替式、並立塡納官物欠負之例、並以為欠負欠損之物、専当之人依数可塡、雖署惣目不可共塡者、今諸国司等偏馮此式、唯塡所預之欠、悉用己分公廨、雖多欠物無由塡納、又太政官天平宝字三年三月十五日符偁、凡公廨者先塡欠負未納、次割国内之儲、然後作差処分、然則未知欠負理難分得、而諸国司等未検官物、且用公廨不塡欠倉、自今以後、没為官物者、今或国司等乖違符旨、准拠公文不検物実、謂無欠負且用公廨、至于交替即称未検、若有欠物不肯共塡、如此之事並乖公途、既違公廨先塡欠負之旨、今同時国司勘造税帳共署進官、兼得公廨、然則所有欠物令共塡納、不許託言彼此競事規避、庶令国司絶奸遁之源、官物無欠負之累者、中納言正三位藤原朝臣葛野麻呂宣、奉　勅、依奏、

弘仁五年七月廿日

○『貞観交替式』10　参照

C　前後司間の公廨稲配分

①『延暦交替式』38　延暦二十二年二月二十日官符所引天平宝字元年十月（十脱カ）一日式

C④参照

②『延暦交替式』38　延暦二十二年二月二十日官符所引宝亀三年八月十五日格

C④参照

③『続日本紀』延暦五年六月己未朔条

先是、去宝亀三年制、諸国公廨処分之事、前人出挙、後人収納、彼此有功、不合無料、前後之司、宜各平分、至是　勅、出挙収納、其労不同、宜革前例、一依天平宝字元年十月十一日式、収納之前、所有公廨入於後人、収納之後入於前人、

④『延暦交替式』38

太政官符

一定割公廨置国儲数事

大国壱万弐仟束計公廨利率、一万束、割取一千以為国儲、若公廨有増減者、一依此率准折、上中下国亦同此例、

上国玖仟束

中国陸仟束

下国参仟束志摩国幷壱岐、対馬、多褹三嶋不入此例、

右検案内、去神亀元年三月廿日格偁、割正税稲、出挙取利、名為国儲、以充朝集使還国之間、及非時差役幷繕写籍帳書生、幷除運調庸外向京担夫等粮食、其出挙法、大国四万束、上国三万束、中国二万束、下国一万束者、至天平十七年、始置公廨、即停国儲、天平宝字元年十月十一日式、唯称割公廨内置国儲物、未立割置之数、充用之色、因玆、諸国所置、多少無限、或有貪吏不免贓汚、自今以後、宜依件為定、以充公用、其充給粮食之色、准神亀元年格、但税帳大帳貢調等使亦充粮料、其長官佐職各逓奉使、品秩雖異、使務是同、如聞、或国、一使之料、上下別数、事実不穏、宜一使粮料高卑同法、但四度使料多少之数、量事閑繁、増減定之、若違此制、輙私犯用者、計贓科罪、一同官物、

一定処分公廨例事

右去延暦五年六月一日格偁、検宝亀三年八月十五日格偁、前人出挙、後人収納、彼此有功、宜共半分者、今出挙収納、労逸不均、自今以後、宜革件例一依天平宝字元年十月一日式、(十脱カ)収納之前者、入於後人、収納之後者、全入前人者、如聞、諸国所行、頗有不穏、何者、前人在任、秋

冬徴収、新人後到、纔逢限月、依格、公廨全入後人、今量労逸、実乖穏便、或有収納未了国司身亡、孤遺之輩艱苦難言、自今以後、宜改此格、七月已後遷代国司、彼此半分以均苦楽、六月已前者、宜全入後人、

以前、被右大臣宣偁、奉　勅、如右者、諸国承知、依件行之、

延暦廿二年二月廿日

⑤『続日本後紀』承和八年十月己巳（三日）条

制、延暦廿三年格、権任之人不異正任、年分全給、理合一同、又弘仁十一年格偁、令云、諸禄並依日給、京官拠詔書出日、外官拠籤符到給之者、今賞之所行、理無偏頗、独給全給、事乖通猷、宜不論権正、拠籤符到給之、其間公廨遍共給之、

⑥『延喜交替式』100

凡国司処分公廨者、総計当年所出公廨、先塡官物之欠負未納、割国内之儲物、後以見残作差処分、其差法者、長官六分、和泉、伊賀、伊豆、安房、飛騨、若狭、佐渡、淡路、隠岐、大隅、薩摩、壱岐等国嶋五分、志摩国四分、次官四分、判官三分、主典二分、史生一分、其博士医師准史生例、権任者各准当色、其帳者毎年進官、一年公廨、惣計為分、各准歴任日数班給、

⑦『延喜交替式』101

凡新任国司公廨、不論権正、拠籤符到給之、

D　現任国司間の公廨稲配分

①『延暦交替式』34

太政官宣、比年諸国司等交替之日、各貪公廨、競起争論、自失上下之序、既虧清廉之風、於理商量、不可如此、今故立式条、具如左、

凡国司処分公廨式者、総計当年所出公廨、先塡官物之欠負未納、次割国内之儲物、後以見残作差処分、其差法者、長官六分、次官四分、判官三分、主典二分、史生一分、其国博士、医師、准史生例、員外官者各准当色、

天平宝字元年十一(十カ)月十一日

②『弘仁式』主税

凡国司処分公廨差法者、大上国長官六分、次官四分、判官三分、主典二分、史生一分、中国無介則長官五分、下国無掾則長官四分、員外司者各准当員、其国博士医師准史生、但陸奥国博士医師陰陽

師並准目、鎮守将軍准守、副将軍准介、軍監准掾、軍曹准目、医師弩師准史生、若帯国者、不須両給、

○『延喜式』主税上（六五三頁）参照

〔解説〕

国司交替の際の公廨稲処分を、歴任日数に基づいて配分するよう規定した格。

公廨稲設置の目的は、天平十七年官奏（B①）では官物の欠負未納の補塡のみをあげるが、天平宝字元年官宣（D①）によると、(a)官物の欠負未納の補塡、(b)国儲、(c)残余の国司への支給、としている。このうち、いずれを公廨稲の本来的な機能とみるかについては、(a)を重視する見解と(c)を重視する見解がある。実質的には、設置後まもなく国司の得分と化したが、奈良中期以降顕在化してきた官物の欠負未納を補塡することに主眼をおき、その円滑化を図るため、国司に残余の支給を認めたとみるのが自然であろう。この点について、さらに本格を弘仁格における配列から考察すると、民上10より続く、調庸等の麁悪・違期・未進に関する一連の格であり、少なくとも弘仁格編纂時には官物の補塡が重視されていた。

公廨稲の国司配分には、現任国司間の配分と、前後司間の配分が問題となる。前者はD①で配分割合が定められ、それはおおすじにおいて弘仁式（D②）、延喜式へと継承された。後者はたびたび改変を重ね、天平宝字元年に公廨稲収納にあたる国司に全入（C①）、宝亀三年には前人出挙し後人収納した場合折半（C②）、延暦五年に一旦天平宝字元年式が復活するが（C③）、延暦二十二年、国司遷替が七月以後の場合折半、六月以前の場

合後人へ全入とした（C④）。以上の変遷はいずれも基本的には農事と国司の遷替を関連づけ、加功主義を基軸とするものであったが、本格ではそれを改め、唐永徽禄令を参看して、歴任日数をもとに日割計算で配分することにしたものであり、出挙稲の貸出、収納等の功の有無とは直接かかわらない規定となった。本格は、したがって延暦交替式38（C④）の改定であり、その後延喜交替式100に継承された（C⑥）。

格式研究の見地から本格をみると、国司の公廨稲配分について、前後司間の配分が格に、現任国司間の配分が式に規定され、格と式の規定の別が明らかな点で重要である。また、本格は弘仁格における最下限の日付をもち、造式所起請にもとづくものの一つであり、さらに格式編纂の際、唐の法典が利用されたことを示す貴重な格である。

（大林實温）

〔参考文献〕

喜田新六「公廨稲出挙の性格」（『中央大学文学部紀要』九）
早川庄八「公廨稲制度の成立」（『史学雑誌』六九―三）
薗田香融「出挙」（『日本古代財政史の研究』）
長山泰孝『律令負担体系の研究』第七章
梅村喬「勘会制の変質と解由制の成立」（上）（下）（『日本史研究』一四二・一四三）
吉岡眞之「不与解由状と勘解由使に関する試論」（井上光貞博士還暦記念会編『古代史論叢』下、所収）

239〔民上14〕応大帳貢調(税帳脱カ)等使上日数少集(奪カ)公廨兼不預考事　大同五年三月廿八日

『類聚三代格』巻十二　諸使幷公文事

太政官符

応大帳貢調税帳等使上日数少奪公廨兼不預考事

右得民部省解偁、検案内、延暦九年十二月十日左大弁紀朝臣古佐美宣、諸国税帳大帳貢調等使上日、頃年之間、民部漏落不為充行、自今以後、宜依旧給之者、而今奉使之輩多非其人、或称病避事、或肆情徇私、曾不参省、徒煩雑掌、衆務闕怠従此而生、望請、勘公文間無故不上、計其上日不満三分之二、即奪公廨兼不預考、仍毎年上日移送式部省、審加貶降、又所奪公廨数令与税帳共申、然則吏自公勤勘帳無怠、謹請　官裁者、右大臣宣、奉　勅、依請、

大同五年三月廿八日

○『弘仁格抄』格巻第三〔式下70〕応貶諸国貢調税帳大帳等使者事　大同五年三月廿八日在民部格参照

○『類聚国史』巻八十四　政理六　公廨　大同五年三月戊辰（二十八日）条

諸国税帳大帳貢調等使上日、令民部省勘給、若上日不満三分之二、即奪公廨、兼不預考、其所奪公廨、録数言之、

○『貞観交替式』26

応税帳大帳貢調等使上日数少奪公廨兼不預考事

右民部省解偁、検案内、延暦九年十二月十日左大弁紀朝臣古佐美宣、諸国税帳大帳貢調等使上日、頃年之間、民部漏落、不為充行、自今以後、宜依旧給之者、而今奉使之輩、多非其人、或称病避事、或肆情徇欲、曾不参省、徒煩雑掌、衆務闕怠、従此而生、望請、勘公文間、無故不上、計其上日、不満三分之二、即奪公廨、兼不預考、仍毎年上日、移送式部省、審加貶降、又所奪公廨数、令与税帳共申、然則吏自公勤、勘帳無怠、謹請官裁者、右大臣宣、奉　勅、依請、

大同五年三月廿八日

○『政事要略』巻五十六　交替雑事　四度使事　大同五年三月二十八日官符・「交替式私記」

交替式云、太政官符、応税帳大帳貢帳等使上日数少奪公廨兼不預考事

右民部省解偁、検案内、延暦九年十二月十日左大弁紀朝臣古佐美宣、諸国税帳大帳貢調等使上日、頃年之間、民部漏落、不為充行、自今以後、宜依旧給之者、而今奉使之輩、多非其人、或称病避事、或

肆情徇私、曾不参省、徒煩雑掌、衆務闕怠、従此而生、望請、勘公文間無故不上、計其上日、不満三分之二、即奪公廨、兼不預考、仍毎年上日、移送式部省審加貶降、又所奪公廨令与税帳共申、然則吏自公勤、勘帳無怠、謹請官裁者、右大臣宣、奉　勅、依請、

大同五年三月廿八日

私記云、（中略）

問、勘公文間、無故不上、計其上日、不満三分之二、即奪公廨、兼不預考、仍毎年上日、移送式部、審加貶降者、律云、無故不上、一日笞廿、三日加一等、過杖一百者、十日加一等、罪止徒一年半、因是七位已上卌五日官当解任、八位已下卅五日、官当解任、而今此式、只奪公廨貶降、不官当解官、其意如何、答、下条云、其公文進官、身不直寮者、外題下時、計不上日、若無故不上満卌五、依病不上経百廿、所司具録申省、其勘損益之間、上日不足三分之二、責如先格者、拠勘此文、無故不上、官当解任明也、

A　律令の規定

①職制律5官人無故不上条

凡官人無故不上、及当番不到、若因仮而違者、一日笞廿、三日加一等、過杖一百、十日加一等、罪止徒一年半、辺要之官、加一等、

②考課令59内外初位条

凡内外初位以上長上官、計考前釐事、不満二百卌日、分番不満一百卌日、若帳内資人不満二百日、並不考、分番者、若日有断絶、欲於考前倍上者、皆聴通計、即先従公使、後改官者、起補任日、及任訖未上、便差充使者、起差使日、並同在司釐事法、若旧人被使、後得替者、替後使日、亦聴通計、其有功過灼然、理合黜陟者、雖不満日、別記送省、其分番与長上通計為考者、分番三日、当長上二日、毎年考文集日、省勘校、色別為記、具顕功過、三位以上奏裁、五位以上、太政官量定奏聞、六位以下、省校定、訖唱示考第、申太政官、若考当下第、状有不尽、量校難明者、附使勘覆、善悪待後年惣定、若過考之後、訴理不伏、応雪者、亦如之、

B　諸使の上日

①『類聚三代格』巻十二　諸使幷公文事

太政官符

応貢調国司依病相替病愈之日即令進上事

右案宝亀六年六月廿七日格云、貢調庸使者必進専当国司目已上、縦不入京、追坐専当、又天応元年八月廿八日格云、調庸専当国司附計帳使申上、必令進上不獲逗留相替者、斯則所以匡貢物之濫悪絶送納之稽違者也、比者諸国所行、使人有病、差替言上、事須病愈之日随即催上、而不存格意曾無進上、遂令相替之人累濫悪之責、遁留之吏避厳科之法、今被右大臣宣偁、自今以後、病愈之日必令進上、如除行程之外満百廿日猶有不参者、依法解官、仍須待満日数勘録申官、

承和九年正月廿七日

②『貞観交替式』27　斉衡二年五月十日官符所引仁寿二年四月二日官符（B③参照）

③『貞観交替式』27

応准未進調庸数没国司公廨幷調使帰国事

右検案内、太政官去仁寿二年四月二日符偁、調庸之物、輸貢有期、而今諸国遠者数十年、近者五六年、皆作未進、一無返抄、因玆、深法厳科、前後重畳、加以一差調使之人、永無帰国之期、若有不上、随亦解官、諸使之中、譴責殊深、雖違式不（衍カ）不備、責在奉使之小吏、狎法不勤、罪帰執事之官長、今須諸国調使、雖有未進、勘損益畢、便遣帰国、与官長共催督未進、兼以公廨弁備、速令□納訖、

其使政惣成之日、勘会抄帳、并受返抄、並如常式、若今年未進、来年不究納者、所司別録過期不納之国、申送民部省、即没使及長官一年公廨、夫罪依一、重不可再科、先有計日奪俸之格、今則従停止、但貢調限月之後、損益未了之前、若有依病及無故不上之輩、則依法条処之解官者、右大臣宣、奉勅、夫改張法式、為済公途、而格後数年、未見成事、推尋其意、縁人不堪、凡国中之政、上下共知、独没長官公廨、頗不愜人情、去延暦十四年七月廿七日格偁、依少奪多、事実不穏、自今已後、宜国司史生以上、各作差法、准未進数、割其公廨、随色弁備、進納京庫、省寮計会、毎年勘出者、然則勘納之格、彼此分明、而所司無意勘出、不労弁納、又式云、凡貢調庸使者、物之与帳、同領入京、不得先後零畳者、由是言之、調庸之物領将可貢、不可留落致怠、但所司勘返并有損之国、得別歳月、頗置未進、因玆、格制間施、催責無休、今須当年未進来年不究者、主計寮具録未進数、明年三月以前移主税寮、即准未進数、没国司史生以上公廨、兼復令未進調物依数弁納、但事不得已、便附左(在カ)京司、不在没公廨之限、其使違期不到、科責如恒、又無返抄者、依宝亀十年八月廿一日格、奪料申送、頃年貢調使公文下寮、始責着到、雖公文遅下所司、而不上之責、無加其身、因玆延引年月不労催下、須公文進官之後、一向直寮、縦令稽留不下者、使等録状申官省、無故拘留者、各尋所由、将処科条、其公文進官、身不直寮者、外題下時計不上日、若無故満卌五、依病経百廿、所司具録申省、其勘損益之間、上日不満三分之二、責如先格、勘了帰国、催未進幷勘会抄帳、請返抄、並如仁寿二年四月二日符、被同宣偁、奉　勅、依件行之者、

斉衡二年五月十日

○『政事要略』巻五十一　交替雑事　調庸未進事　同日官符・「交替式私記」参照

④『類聚三代格』巻十二　諸使幷公文事

太政官符

応大帳税帳使無故不上奪公廨兼解官事

右得民部省解偁、案去大同五年三月廿八日格云、省解偁、検案内、延暦九年十二月十日左大弁紀朝臣古佐美宣、諸国税帳大帳貢調等使上日、頃年之間、民部漏落不為充行、自今以後、宜依旧給之者、而今奉使之輩多非其人、或称病避事、或肆情徇私、曾不参省、徒煩雑掌、衆務闕怠従此而生、望請、勘公文間無故不上、計其上日不満三分之二、即奪公廨兼不預考、仍毎年上日移送式部省、審加貶降、又所奪公廨数令与税帳共申者、右大臣宣、奉　勅、依請者、案件格旨、未見使等可至解官之義、而去承和十三年淡路国貢調使掾清山総世、越後国大帳使博士佐伯広宗等、依無故不上之罪初被解却、是拠職制律所行也、謹案太政官去仁寿二年四月二日符、諸国調使若有依病及無故不上之輩、即依法

条処之解官者、即拠此格、調使独有解官之文、於余使等未見所坐、而今責件等使不上、同共処之解官、既有先例、難以抑留、但出於格外本守律条、罪生所忽、終至解官、是以被坐之者或未甘心、守格之徒恨其峻法、借之議者実非穏便、謹請処分者、右大臣宣、奉　勅、疑罪従軽、国之茂範、解官惟重、人之深憂、宜自今以後依格行之、但専寛不上之罪、還成姧吏之計、今須無故不上満百廿日、准依病不上行之、

斉衡二年九月廿三日

⑤『延喜交替式』135

凡貢調使公文進官之後、身不直寮者、外題下時計不上日、若無故満卌五、依病経日百廿、所司具録申省、

⑥『延喜交替式』136

凡税帳貢調使等、勘公文間、無故不上、計上日、不満三分之二、即奪公廨、兼不預考、仍毎年上日移送式部、審加貶降、又所奪公廨令与税帳共申、

〔解説〕

大帳・貢調・税帳使が公文勘会の間、故なく上日せず、上日数が三分の二を満たさない場合には公廨を奪い、考選に預らしめないことを規定した格。

上日の管理強化を図る本格は、専当国司制などとともに、九世紀前後から頻出する公文勘会の整備政策の一環として位置づけられる。上日に関する諸使の規避の方法は、勘会の際、(a)入京しない(B①④)、(b)公文進官の後、主計寮に臨まない(B③)、(c)勘会の間上日しない(B②③)、等がある。本格は(c)に該当するもので、その規定は貢調使については、一旦仁寿二年に停止する(B②)が、斉衡二年に復活する(B③)。

(b)はその後延喜交替式135に収められる。一方、(c)に含まれる本格は貞観交替式26に再び規定され、さらに延喜交替式136が成立した。なお、本格は弘仁格の中で民部格とともに式部格にも収められており(式下70)、それぞれの事書及び格の配列から見て、前者は諸使の公廨を奪うこと、後者は諸使の考課に重点があったものと思われる。

(大林實温)

〔参考文献〕

喜田新六「国の四度使と公文の勘申」(『歴史教育』八—九・一〇・一一)
山田英雄「奈良時代の上日と禄」(『日本古代史攷』)
岡田利文「弘仁主税式勘税帳条の成立」(関晃先生還暦記念『日本古代史研究』所収)

240〔民上15〕勅為宣下歟　　神護景雲三年三月廿四日

『類聚三代格』巻八　調庸事

左大臣宣、奉　勅、大宰府所貢調綿、毎年限三月以後七月以前、海晏之時必令進上、自今以後、永為恒例、

神護景雲三年三月廿四日

○『続日本紀』神護景雲三年三月乙未（二十七日）条

始毎年運大宰府綿廿万屯、以輸京庫、

A　令の規定

賦役令3調庸物条

〔民上10〕A①参照

B　調綿の貢進

①平城宮出土木簡（『平城宮木簡』一）

肥後国託麻□(郡カ)調綿　壱伯屯　四両 養老三年　（三〇二）

②『続日本紀』天平元年九月庚寅（三日）条

仰大宰府令進調綿一十万屯、

C　式の規定

『延喜式』　民部上（五六七頁）

凡諸国貢調庸者、越後、佐渡、隠岐三国、並限明年七月、長門国限四月、伊予国限二月、但宇和、喜多両郡限三月、土佐国限二月納訖、自余如令、其陸奥、出羽両国、便納当国、西海道納太宰府、其出納帳並附正税帳使申送、

〔解説〕

大宰府調綿を三月以後七月以前に、海路の静かなときを選んで京進することを定めた格。

大宰府管内諸国で収取された調庸は、一般には京進されずに大宰府に納められ、様々な府用にあてられたが(C)、そのうち綿のみが京に貢進されていた。綿の貢進については、養老・神亀の年紀をもつ一連の木簡が出土しているが(B①)、その年紀が京進の時を指すとは必ずしもいえず、正史における初見は、天平元年に調綿十万屯を進上させた記事である(B②)。

なお、神護景雲三年三月二十四日格(本格)と続日本紀同年三月乙未(二十七日)条の関係については、貢進期限を定めた三日後に貢進額を定めたとも考えられるが、弘仁格編纂時の現行法である貢進額十万屯の規定が民上16でなされていることからみても、両者はもと同一の格であり、貢進額二十万屯の規定は弘仁格編纂段階で削除されたと考えるべきであろう。

(原正人・石附善信)

〔参考文献〕

平野邦雄「大宰府の徴税機構」(竹内理三博士還暦記念会編『律令国家と貴族社会』所収)

福井俊彦「弘仁格の編纂方針について」(『史観』九八)

今泉隆雄「貢進物付札の諸問題」(奈良国立文化財研究所『研究論集』Ⅳ)

倉住靖彦『古代の大宰府』第三　大宰府の成立

松原弘宣『日本古代水上交通史の研究』第二編第三章　奈良時代における海運政策

141〔民上16〕大宰府貢上調綿一十万屯事　延暦二年三月廿二日

『類聚三代格』巻八　調庸事

太政官符

大宰府貢上調綿一十万屯事

右被大納言正三位藤原朝臣是公宣偁、奉　勅、件綿年常所貢廿万屯、今減其数定十万屯、宜簡差主典已上幹了者、期月貢上、不得妄差品官以致稽留、及綿代輸米交関京下、亦除水脚粮之外輙載私物漂失官物、若有違此制者、依法科罪、

延暦二年三月廿二日

A　令の規定

賦役令3調庸物条

〔民上10〕A①参照

B　出米の禁制と九箇使の構成

『類聚三代格』巻六　公粮事　大同四年正月二十六日官符〔雑格20〕

太政官符

一聴運九箇使料米事

貢綿使料四百六十斛

使料六十斛　史生料卅斛

書生二人料廿斛人別十斛

郡司十人料三百斛人別卅斛

郡司子弟十人料五十斛人別五斛

朝集使料百卅斛

使料八十斛　史生料卅斛

雑掌二人料廿斛人別十斛

正税帳使料八十斛

使料六十斛　雑掌二人料廿斛人別十斛

大帳使料五十斛
使料卌斛　雑掌二人料十斛人別五斛
調帳使雑掌二人料廿斛人別十斛
御贄使料卌斛
使料卌斛　厨造一人　書生二人料十斛人別五石
別貢使料卌五斛
使料卌斛　書生三人料十五斛人別五斛
相撲人使料廿斛
紫草使料十斛

右得大宰府解偁、検府例、件使等料米、前帥参議従三位石川朝臣豊成去天平神護三年五月三日処分五(衍カ)分所定、毎使有差、或給正税、或給府儲、立以為例、行来久矣、而検太政官去延暦十二年八月十四日符偁、右大臣宣、奉　勅、大宰部内出米先有禁制、而今同官人任意運米、郡司百姓寄言他物、詐受過所、往来商賈相続不絶、宜厳禁断、自今以後不得更然者、謹依符旨、一従禁断、奉使之輩因之為憂、府司商量、不可不申、仍前例不便更加准定、謹請裁者、依請、

以前右大臣宣、奉　勅如件、

大同四年正月廿六日

〔解説〕

大宰府調綿について、(a)二十万屯から十万屯への貢進額の減定、(b)貢進には妄りに品官をあてず主典以上の幹了なる者を簡差すること、(c)綿の代物として米を輸送し京下で綿に換えることの禁止、(d)輸送する船に水脚の粮以外の私物を載せることの禁止、を規定した格。

国司が調庸の代物を運京し京下で交易することは令では禁じられていたが（A）、実際には広範に行われていた。特に大宰府が米による代輸を禁止されたのは、軍事的理由から米が府管内より流出するのを防ぐ意図があったのであろう。しかし、その後も府官人らによる交易活動によって、出米の禁制は守られなかったらしく、延暦十二年再度禁令が出されている（B）。

なお大宰府より京へ向かう使者の料米を規定した大同四年格（B）によって、貢綿使の具体的な人員構成を知ることができる。

（原正人・石附善信）

〔参考文献〕

吉田孝「律令時代の交易」（『律令国家と古代の社会』）
栄原永遠男「律令制下における流通経済の歴史的特質」（『日本史研究』一三一）

242〔民上17〕応大宰府隔年進上調綿事　弘仁四年四月十六日

『類聚三代格』巻八　調庸事

太政官符

　応大宰府隔年進上調綿事

右右大臣奏状偁、件府運進調幷庸綿年別総一十万屯、転運之労触事繁多、賃粮之用正税不少、海路往還歳云暮矣、部送之民遂失生業、今在庫綿足為儲料、而毎年令運有損無用、加以彼府疆接隣国、非常之備不可闕乏、自今以後、隔一年令運進、省転送費兼済辺儲、国用如有不足、臨時量運進者、中納言正三位藤原朝臣葛野麻呂宣、奉　勅、依奏、但留庸綿令進調綿、

　弘仁四年四月十六日

A　令の規定

賦役令3調庸物条

〔民上10〕A①参照

B　貢綿の代替

『日本三代実録』元慶八年五月庚申朔条

大宰府年貢綿十万屯、其内二万屯、以絹相博進之、彼府申請、春夏連雨、蚕養不利、作綿是乏、輸貢可闕、望相換進之、太政官処分、依請焉、

C　貢綿の違期・麁悪

①『類聚三代格』巻八　調庸事

太政官符

応責大宰府貢物麁悪并違期事

右検案内、貢物麁悪及違期者可処重科之状、延暦十四年七月廿七日、大同二年十二月廿九日、承和十三年二月廿一日、数度下符既訖、而府司等不遵符旨鎮致違期、非唯闕国用、還狎慢朝章、論之格

条、罪在不宥、左大臣宣、頃年州吏不勤公途、不慎憲法、啻省任中累、全企得解由、今須新張厳科殊懲将来、脱不悔先怠、猶致麁悪違期、府司及管内国宰奪公廨四分之一、但郡司准諸国貢調綱領、決杖八十、不曾寛宥、

承和十四年十月十四日

②『類聚三代格』巻八　調庸事

太政官符

応責大宰府貢物麁悪事

右検案内、去承和十四年十月十四日格偁、貢物麁悪及違期者可処重科之状、延暦十四年七月廿七日、大同二年十二月廿九日、承和十三年二月廿一日、数度下符既訖、而府司等不遵行符旨猶致違期、非唯闕国用、還狎慢朝章、論之格条罪在不宥、左大臣宣、頃年州吏不勤公途、不慎憲法、啻省任中累全企得解由、今須新張厳科殊懲将来、脱不悔先怠、猶致麁悪違期、府司及管内国宰奪公廨四分之一、但郡司准諸国貢物綱領決杖八十者、懲粛既明勧戒周備、須慎守格旨勤以遵行、而年来所貢絹綿等、濫悪既多精細尤少、寔是府国之吏不慎憲章之所致也、又聞、管内浮浪之輩、或属府司上交易之直、或賂国宰輸調庸之物、貢非土民営設之実、利帰浮手姧偽之徒、濫穢所以難遏、麁悪由其彌倍、不督

之怠雖帰府国、容隠之責専在蔵司、右大臣宣、奉　勅、有法不行、何期懲革、宜降霜典更粛将来、仍須麁悪之物、絹及一百疋、綿満一万屯、蔵司勾当監典幷使等、解却見任不曾寛宥、自余雑事一如前格、

貞観十三年八月十日

③『日本三代実録』貞観十四年十月二十六日癸亥条

勅、大宰府輸貢絹綿麁悪特甚、宜降新典、更粛将来、仍須其麁悪絹及百疋綿満万屯、彼府蔵司別幷使監典解却見任、

D　式の規定

①『延喜式』民部下（五八八頁）

凡太宰府毎年調絹三千疋附貢綿使進之、又隼人調布、除府家三箇年雑用料之外、付使進上、

②『延喜式』民部下（五八八頁）

凡太宰府所収調糸、除儲料五百絇之外、毎年附貢綿使進之、

③『延喜式』雑式（九九六頁）

凡太宰貢綿穀船者、択買勝載二百五十石以上、三百石以下、不著《(衍カ)》舵進上、便即令習用舵、其用度充正税、

④『延喜交替式』129

凡大宰府貢物麁悪、絹及百屯、綿満一万屯、蔵司勾当、監典幷使等解却見任、

〔解説〕

大宰府の貢進綿に関して、(a)従来の毎年から隔年の進上としてその伝送費を節約し、留めた分を辺儲にあて、国用に不足があれば臨時に進上すること、(b)ただし庸綿は留めて調綿のみを進上することを定めた格。(b)によって、八世紀においては調綿のみでなく庸綿も貢進されていたことが推定される（管内諸国が庸として綿を大宰府に納めていたことは延喜主税式より知ることができる）。しかし、本格以前の諸史料では貢進綿をただ調綿とのみ表記している点、問題が残ろう。

綿貢進についてはその後一部を絹で代替するようになり（B）、延喜式にはさらに他の貢進品目が記載されている（D①②③）。また、平安時代以降、貢進綿の違期・麁悪が問題とされてくるが、それに対する施策の中で、特に蔵司に貢進物の精麁の責任を負わせている点が注目されよう（C）。

なお、民上15・民上16・民上17は、大宰府より京進される綿に関する規定という点で共通しており、三格は賦役令調庸物条の補足という性格をもつ。

（原正人・石附善信）

〔参考文献〕

竹内理三「大宰府政所考」(『史淵』七一)

243〔民上18〕勅　慶雲三年九月廿日

『類聚三代格』巻十五　損田幷租地子事

勅

一凡田租取令前束、擬令内把、令条段租其実猶益、朕念、百姓有食、万条即成、民之豊饒、猶同充倉、宜収段租一束五把、町租一十五束、

一凡田有水旱虫霜不熟之処、応免調庸者、卌九戸以下国司検実処分、五十戸以上申太政官、三百戸以上奏聞、応申官者、九月卅日以前申送、十月以後不須、

慶雲三年九月廿日

○『続日本紀』慶雲三年九月丙辰(十五日)条

遣使七道、始定田租法、町十五束、及点役丁、

○『政事要略』巻五十三　交替雑事　雑田事

弘民格云、勅、一凡田租取令前束擬令内把、令条段租、其実猶益、朕念百姓有食、万条即成、民之豊饒、猶同充倉、宜収段租一束五把、町租一十五束、

　慶雲三年九月廿日

○田令1田長条集解古記所引慶雲三年九月十(二十カ)日格

慶雲三年九月十日格云、准令、田租一段、租稲二束二把、（以方五尺為歩、歩之内得米一升、）一町租稲廿二束、令前租法、熟田百代、租稲三束、（以方六尺為歩、歩之内得米一升、）一町租稲一十五束、右件二種租法、束数雖多少、輸実猶不異、而令前方六尺升漸差地実、遂其差升亦差束実、是以取令前束、擬令内把、令条段租、其実猶益、今斗升既平、望請、輸租之式、折衷聴勅者、朕念、百姓有食、万条即成、民之豊饒、猶同充倉、宜段租一束五把、町租一十五束、主者施行、今依算法、以廿二束准計十五束者、所得一束者一十四束三分之二、

○『政事要略』巻五十三　交替雑事　雑田事

　勘田租束積事

右被右弁官宣偁、慶雲三年九月廿日格云、取令前束擬令内把、令条段租、其実猶益、宜田一町十五束令輸者、未知令前束、令内把、格束、各其積幾、損益之数、何而可会、又令与格孰後孰前者、検旧説、

令前租法、熟田五十代、租稲一束五把、以大方六尺為歩、々内得米一升此大升也、二百五十歩為五十代、慶雲三年格云、准令以大方五尺為歩、々内得米一升此升称減大升、三百六十歩為段者、今案、五十代与令段歩積一同、即所得米其数亦同、然則段内得米三百六十升、実此大二百五十升也、因歩多少積増減、是以准量令前束与令内把非無増減、計算其積、令内十四把三分之二当令前一束、称量一同、其令有新古、惟格新之前、古之後也、

弘仁十三年十一月五日　明法博士額田国造今足

○『政事要略』巻六十　交替雑事　損不勘佃田事

弘民格云、勅、一凡田有水旱虫霜不熟之処、応免調庸者、卌九戸以下国司検実処分、五十戸以上申太政官、三百戸以上奏聞、応申官者、九月卅日以前申送、十月以後不須、

慶雲三年九月廿日

○賦役令9水旱条集解令釈所引慶雲三年九月二十日格

慶雲三年九月廿日格云、田有水旱虫霜、不熟之処、応免調庸者、四十九戸以下、国司検実処分、五十戸以上、申太政官、三百戸以上奏聞、応申官者、九月卅日以前申送、十月以後不須、

A　令の規定

①田令1田長条

凡田長卅歩、広十二歩為段、十段為町、段租稲二束二把、町租稲廿二束、

②賦役令9水旱条

凡田有水旱虫霜、不熟之処、国司検実具録申官、十分損五分以上免租、損七分、免租調、損八分以上、課役倶免、若桑麻損尽者、各免調、其已役已輸者、聴折来年、

③戸令45遭水旱条

凡遭水旱災蝗、水熟之処、少粮応須賑給者、国郡検実、預申太政官、奏聞、

B　令前租法

①『日本書紀』大化二年正月甲子朔条

其三曰（中略）凡田長卅歩、広十二歩為段、十段為町、段租稲二束二把、町租稲廿二束、

②『日本書紀』白雉三年正月己未朔条

自正月至是月班田既訖、凡田長卅歩為段、十段為町、段租稲一束半、町租稲十五束、

（参考）　田令1田長条集解古記

古記云問、田長卅歩、広十二歩為段、即段積三百六十歩、更改段積為二百五十歩、重復改為三百六十歩、又雑令云、度地以五尺為歩、又和銅六年二月十九日格、其度地以六尺為歩者、未知、令格之赴、并段積歩改易之義、請具分釈、無使疑惑也、答、幡云、令以五尺為歩者、是高麗法用為度地令便、而尺作長大、以二百五十歩為段者、亦是高麗術云之、即以高麗五尺、准今尺大六尺相当、故格云、以六尺、為歩者則是、令五尺内積歩、改名六尺積歩耳、其於地無所損益也、然則時人念令云五尺、格云六尺、即依格文可加一尺者、此不然、唯令云五尺者、此今大六尺同覚示耳、此云未詳、

C　損七分以上の規定

①賦役令9水旱条集解古記所引慶雲元年六月十九日格

慶雲元年六月十九日格云、国有水旱虫霜不熟之処、自五十戸以上、預申官、以下少者、国司検実処分、具録申官、及実事附考文、五十戸以上太政官処分、三百戸以上奏聞、

②『類聚三代格』巻十五　損田并租地子事　弘仁七年十一月四日官符

〔民上20〕参照

D　式の規定

①『延喜式』　民部上（五七七頁）

凡遭水旱災蝗、不熟田、一処五十戸以上者、馳駅申上、

②『延喜式』　主計下（六二五頁）

〔民上20〕F①参照

〔解説〕

第一項。田令田長条の段租二束二把（不成斤）を一束五把（成斤）に改定した格。

この弘仁格の文言は、田令集解古記所引格や額田今足勘文によって、明らかに、原格を簡略化したものであることが知られる。

段租一束五把への変更は令前租法の問題として、参考文献に掲げたように多くの研究があるが、田積と租法の連関については、特に関連づけて説明する必要はないと考えられるので、本格で問題となる租法についてのみ主たる論点をあげておく。

①百代三束、段租一束五把の租法について。これは古くからの慣行であることは諸説一致している。この租法は令前の租法であり、かつ、成斤・大升によるものである（成斤・大升、不成斤・減大升については、額田今足勘文等を参照）。②段租二束二把とする不成斤の租法は実際に行われたのかどうかという問題について。一般的に

不成斤での収租は行われなかったと考えられる。ただし、二束二把の成斤での収租は行われたと理解する説が多い。③「其実猶益」の解釈について。田長条の二束二把と令前の一束五把との関わり方の問題について、成斤一束五把を不成斤に換算すると二束一把六分となるので、不成斤二束二把を徴収することが微増となるとする説（虎尾・八木論文）、田長条は不成斤二束二把の規定であるが、旧来からの慣行に従って成斤での収租が行われていたため、実際には成斤二束二把の徴収となって、元来の成斤一束五把に比して成斤七把の増徴となったと理解する説（田名網・亀田・青木論文）、さらに、特殊な斗量での二束二把の収租が行われたため増徴となったとする説（喜田・村尾論文）もある。以上の三説の中で、第一説では、二束二把を一種の基準とし（虎尾論文）、実際には一束五把での収租が行われたとするのだが、この説では、二束二把が増徴であることは説明し難いように思われる。また、第三説では、特殊な斗量を前提とする点に弱点がある。従って、第二説が最も理解しやすい説といえよう。④令前・令内の令について。浄御原令とする説（喜田・虎尾・亀田論文）と大宝令とする説（青木・村尾・田名網論文）がある。一般的には大宝令と考えられるが、浄御原令説の場合でも、段租二束二把が浄御原令制下において実際に施行されたとは考えず、旧来の一束五把を慣行として認めたとしているので、実質上は浄御原令説でも大宝令説でも矛盾はしないことになる。

以上から、本格発出時の状況を考えてみると次のようになろう。大宝令の施行によって段租二束二把（不成斤）となったが、現実には成斤での収租が行われており、地方官は田長条の二束二把を成斤で徴収する場合があった。そこで、田令の規定そのものを一束五束（成斤）と改めることで輸租の円滑化をはかった。

第二項。賦役令水旱条を補足する格。

水旱条では水旱虫霜による不熟田がある場合、その割合に応じて租・庸・調の免除規定（雑徭については未詳）

が設けられている。慶雲元年格（C①）には不熟の処が五十戸以上の場合は預め官に申し、それ以下の場合は国司に処分を委ね、さらに、考文に附して報告することとし、また、三百戸以上の場合は奏聞することが規定された。ここでいう不熟の処は水旱条での損率七分以上の戸の場合と一般には理解されている。これを損五分以上の戸と解釈する説もあるが、慶雲三年格（民上18）の規定内容から考えると、調庸免除に関わる損七分以上戸と理解することが適当であろう。損七分以上戸が五十戸以上あって申官する場合の期日は、慶雲元年格では明確ではなかったが、本格で九月三十日以前として明文化した。慶雲元年格で決定した五十戸未満の場合の考文に附すことによる報告は、弘仁格としては規定されないことになるが、一方で、新たな形式での租帳によって厳密に勘会が行われたはずなので五十戸未満に関する規定の細則は本格では明文化されていないものと理解できよう。

なお、五十戸以上申官の規定は、民上20で国の等級による差等が附加され、さらに、民上38で遠国の場合の例外規定が附加されるので、民上20・民上38を参照のこと。

（小市和雄）

〔参考文献〕

坂本太郎『大化改新の研究』第四篇第二章（坂本太郎著作集では第六巻）
亀田隆之「日本古代における田租田積の研究」（『古代学』四—二）
喜田新六「日本古代における田制租法の変遷」（『歴史教育』四—五）
村尾次郎『律令財政史の研究』第二章第二節
田名網宏「田租制の成立」（『日本歴史』二六三）

青木和夫「律令財政」(『岩波講座　日本歴史』古代3〔一九六二年〕、所収)
虎尾俊哉「慶雲三年の輸租折衷法について」(『日本古代土地法史論』)
　第二項の参考文献は民上19・民上20を参照。

244〔民上19〕勅　霊亀三年五月十一日

『類聚三代格』巻十五　損田幷租地子事
勅、准令、田有水旱虫霜不熟之処、国司検実具録申官、今国司検実之日、或不遭水旱、妄録損五分失充倉之実、或全得営種、欺加損田虚申官之帳、良由国司不存検校、致有如此損失、清廉之道豈合如此、自今以後、国郡宜造苗簿日必捨其虚、造租帳時全取其実、若不加検察、致有隠欺、准事条数即解見任、主者施行、
　霊亀三年五月十一日
○『政事要略』巻六十　交替雑事　損不勘佃田事
弘民格云、勅、准令、田有水旱虫霜不熟之処、国司検実、具録申官、今国司検実之日、或不遭水旱、

妄録損五分、失充倉之実、或全得営種、欺加損田、虚申官之帳、良由国司不存検校、致有此如損失、清廉之道、豈合如此、自今以後、国郡宜造苗簿日、必捨其虚、造租帳時、全取其実、若不加検察致有隠欺、准事条数即解見任、主者施行、

霊亀三年五月十一日

○賦役令9水旱条集解所引霊亀三年五月十一日勅

霊亀三年五月十一日勅云、勅、准令、田有水旱虫霜、不熟之処、国司検実、具録申官、今国司検実之日、或不遭水旱、妄録損五、失充倉之実、或全得営種、欺加損田、虚申官之帳、良由国司不存検校、致有如此損失、清廉之道、豈合如此、自今以後、国郡宜造苗簿日、必捨其虚、造租帳時、全取其実、若不加検察、致有隠欺、准事条数、即解見任、主者施行、

○『類聚三代格』巻十二　承和九年六月九日官符所引弘仁十年五月十六日官符

C④参照

A　令の規定

賦役令9水旱条

〔民上18〕A②参照

B　損戸

①賦役令9水旱条集解令釈所引慶雲元年六月十九日格

〔民上18〕C①参照

②『類聚三代格』巻十五　損田幷租地子事　慶雲三年九月二十日勅

〔民上18〕参照

C　租帳・青苗簿

①『続日本紀』大宝二年二月丙辰（十九日）条

諸国大租、駅起稲及義倉、幷兵器数文、始送于弁官、

②『続日本紀』養老元年五月辛酉（二十二日）条

以大計帳、四季帳、六年見丁帳、青苗簿、輸租帳等式、頒下於七道諸国、

③賦役令9水旱条集解古記所引苗簿式

苗簿或云(式カ)、縁見営人造青苗簿、責房手実、勘会籍帳、仍知虚実、然後入簿、其売田主、不問得損、即附全得、但輸租者、徴見営人、或買田在損、雖免輸租、不及調庸、若有遭損戸、及売買田口夾名、具顕謂郡青苗簿、若多在夾名、各造別項、

④『類聚三代格』巻十二　諸使幷公文事

太政官符

応進青苗簿帳事　副様式一巻上

右検案内、太政官去弘仁十年五月十六日下五畿内七道諸国符偁、霊亀三年五月十一日勅書偁、自今以後、宜造苗簿、養老元年八月十日格偁、自今以後、納租之事依青苗簿令進手実者、今案之、勘租之道先由苗簿、々々之興年紀既久、而今諸国不造彼簿、至勘田租事多疎漏、仮令甲之戸田沽与於乙、々之戸田已損自得免調、甲之得直於甲無損、苗簿之意、令甲輸調、而今勘損之日依無苗簿、偏称戸主不徴甲調、凡此不作苗簿所致之弊也、非唯為怠、還失官物者、大納言正三位兼行左近衛大将陸奥出羽按察使藤原朝臣冬嗣宣、不作之怠、理須科附、宜仰諸国、勤令勘作、若有使至無帳者、科罪貶考一任法律者、今被右大臣宣偁、凡厥苗簿之起、所以激揚国郡之清濁、沙汰田畝之損得者也、如聞、或詐写田籍、或損而不存、是以朝使検校之日、既多乖実之奸、官物収納之時、還少充倉之実、此祇

国宰怠慢之所致也、宜下知諸道、拠様造備、附大帳使、必令進官者、若不進者、不聴申田損、但大宰管内諸国便進彼府、々使検校不得疎漏、

承和九年六月九日

⑤『類聚三代格』巻十二　諸使幷公文事

太政官符

応停毎年進上青苗簿帳事

右得相模国解偁、検案内、依太政官去承和九年六月九日符勘造件帳、附大帳使毎年進上、今商量有損之年有用勘会、無損之歳未見其用、望請、当有損年勘造進上、自此之外将従停止、謹請　官裁者、大納言正三位兼行右近衛大将民部卿陸奥出羽按察使藤原朝臣良房宣、依請、自余諸国亦宜准此、

承和十二年九月十日

D　式の規定

①『延喜式』　主税下　租帳

（略）

②『延喜式』主税下　青苗簿

（略）

〔解説〕

損田の申告に際し、地方官による不正が行われることが多かったので、中央において損毛の状況を正確に把握するために、租帳・青苗簿の作成を命じ、その際、虚偽の申告を厳しく禁じた格。

租帳は天平十二年浜名郡輸租帳にみられるように、田租の収納報告書であると同時に戸別の損毛状況を記し、さらに延喜式の租帳様式にも「右惣合郷帳会郡帳、惣合郡帳会国帳」と規定され、郷・郡・国の各段階での集計も要素として加わっている。田租のみならず、損率によっては調・庸免除にも関わる公文である。

青苗簿は、各種田地の耕作状況・耕作者を明確にし、水旱条の適用を受ける田地の損毛率を正確に把握するために租帳と共に用いられる公文である。

租帳の成立時期は明確ではないが、続日本紀大宝二年二月の記事（C①）に大租数文があり、大租＝田租とすれば、これは租帳のことと考えられよう。これには反対説（税帳説）もあるが、ここでは一応、租帳説に従っておく。そして、養老元年に、あらためて租帳式が頒下されたと考えられる（C②）。天平十二年浜名郡輸租帳には「浜名郡依式造天平十二年輸租帳」と記されている。この式は、養老元年式であろう。つまり、従来の租帳の様式では損田申告の不正を充分検証できなかったために養老元年になって、より厳密な租帳様式が頒下されたと考えられる。

青苗簿については、弘仁十年五月十六日官符に「霊亀三年五月十一日勅書偁、自今以後宜造苗簿」とあるように霊亀三（養老元）年に成立したことは明らかであろう（C④）。ところが、八世紀の間は青苗簿の進上が規定通りに行われていなかったらしく、弘仁十年五月十六日官符で再度、青苗簿進上の励行が命じられた（C④）。延喜式の様式は当初のものとは違い、この際の様式とも考えられる。青苗簿はその後、承和九年に進上を促す格が出されるが（C④）、承和十二年には実質的に進上を停止することになる（C⑤）。

民上19は損田把握に関して、租帳と青苗簿を一体のものとして機能させることを主眼とした格であり、民上18・民上20との連関を重視しなければならない。つまり、民上18は田租収納及び水旱条に規定する損七分以上戸に関する規定、民上19は水旱条運用上の損田把握の厳密化を内容とする。これは、租帳によって民上18では明確ではない損七分以上四十九戸以下の場合の報告や、損率による収租額の報告書として民上20とも関わりが深いのである。従って民上18・民上19・民上20は損田関係の格として、民部格の配列上、一連の格と理解すべきであろう。

（小市和雄）

〔参考文献〕

宮原武夫『日本古代の国家と農民』第一部第一章　田租制の成立

鎌田元一「公田賃租制の成立」（『日本史研究』一三〇）

梅村喬「民部省勘会制の成立」（彌永貞三先生還暦記念会編『日本古代の社会と経済』上、所収）

岡田利文「税帳制度成立に関する一試論」（『ソーシアル・リサーチ』9）

阿部猛『律令国家解体過程の研究』第一篇第二章第二節㈡　青苗簿

林陸朗「青苗簿について」（『日本歴史』二七二）

福井俊彦「霊亀三年五月十一日勅について」(『日本歴史』三八五)
小市和雄「延喜青苗簿式の成立」(『史観』一一〇)
俣野好治「青苗簿制度について」(『続日本紀研究』二五一)
寺崎保広「賦役令水旱条の成立」(『歴史』五七)
松尾光「大宝前後の水旱蟲霜問題」(『学習院史学』一九)

245〔民上20〕応令依法処分損田事　弘仁七年十一月四日

『類聚三代格』巻十五　損田幷租地子事

太政官符

応令依法処分損田事

右太政官去大同元年十一月二日下諸道符偁、畿内、東海、北陸、山陰、南海五道観察使奏偁、検太政官去延暦廿一年七月十五日符偁、右大臣宣、奉　勅、夫益国利人古今通典、而前例後格共乖適中、仍取捨彼此更立新制、今須天下田租戸別立率、常免二分令輸八分、其有損七分已上戸者、大国卌九戸已下、上国卅九戸以下、中国廿九戸已下、下国十九戸以下、以為限制、若損七分以上戸、国内惣依此限、及損五分、有多少通計不過一分者、令国司検実処分、通計前為三分以下、至其納官之数、定収七分已上、若凶年損過此法、即准例申官聴裁者、拠此准量、五分已上明有其限、四分以下未見所由、縦令有甲授田一町、十分而論、見損四段、又有乙損三段、而諸国覆損使等、確執格旨、不労三四分、百姓為患莫過於斯、望請、収租之法復依不三得七之旧例、但卅九戸之差、一依格行者、右大臣宣、奉　勅、依請者、諸国承知依宣行之者、今被右大臣宣偁、奉　勅、定損之法格文灼然、而或国司不必其人、於損四分以下之田、濫起疑論更煩聴裁、宜演格旨、令人易知、仍須検損之体、先検見損通計国内不過三分、即令国宰処量、如超此法、乃以申官、

　弘仁七年十一月四日

○賦役令9水旱条集解所引弘仁七年十一月四日官符

弘仁七年十一月四日官符云、応令依法処分損田事、右太政官去大同元年十一月二日下諸道符偁、畿内、東海、北陸、山陰、南海、五道観察使奏偁、検使直偁（衍カ）、検太政官去延暦廿一年七月十五日符偁、右大臣宣、奉勅、夫益国利人、古今通典、而前例後格、共乖適中、仍取捨彼此、更立新例、今須天下田租戸別立率、常免二分、令輸八分、其有損七分已上戸者、大国四十九戸已下、上国卅九戸已下、中国廿

九戸已下、下国十九戸以下、以為限制、若損七分已上戸、国内総依此限、及損五分、有多少通計不過通一分者、令国司検実処分、通前為三分已下、至其納官之数、定収七分已上、若凶年損過此法、即准例申官聴裁者、拠此准量、五分已上、明有其限、四分已下、未見所由、縦令、有甲、授田一町、十分而論、見損四段、又有乙、損三段、而諸国覆損使等、確執格旨、不労三四分、百姓為患、莫過於斯、望請、収租之法、復依不三得七之旧例、但四十九戸之差、一依格行者、右大臣宣、奉勅依請者、諸国承知、依宣行之者、今被右大臣宣偁、奉勅、定損之法、格文灼然、而或国司不必其人、於損四分已下之田、濫起疑論、更煩聴裁、宜演格旨、令人易知、仍須検損之体先検見損、通計国内、不過三分、即令国宰処置、如超此法、仍以申官、

○『政事要略』巻六十　交替雑事　損不堪佃田事

弘民格云、応令依法処分損田事

右太政官去大同元年十一月二日下諸国符偁、畿内東海北陸山陰南海五道観察使奏偁、検太政官去延暦廿一年七月十五日符偁、右大臣宣、奉　勅、夫益国利人、古今通典、而前例後格、共乖適中、仍取捨彼此、更立新例、今須天下田租戸別立率、常免二分令輸八分、其有損七分已上戸者、大国卌九戸已下、上国卅九戸已下、中国廿九戸已下、下国十九戸已下、以為限制、若損七分已上戸、国内惣依此限、及

損五分有多少、通計不過一分者、令国司検実処分、通前為三分已下、至其納官之数、定為七分已上、若凶年損過此法、即准例申官聴裁者、拠此准量、五分已上明有其限、四分已下未見所由、縦令有甲、授田一町、十分而論、見損四段、又有乙、損三段、而諸国覆損使等、確執格旨、不労三四分、百姓為患莫過於斯、望請、収租之法、復依不三得七之旧例、但卌九戸之差、一依格行者、右大臣宣、奉　勅、依請者、諸国承知、依宣行之者、今被右大臣宣偁、奉勅、定損之法、格文灼然、而或国司不必其人、於損四分已下之田、濫起疑論、更煩聴裁、宜演格旨令人易知、仍須検損之体、先検見損、通計国内、不過三分、即令国宰処置、如超此法、乃以申官、

弘仁七年十一月四日

A　令の規定

賦役令9水旱条

〔民上18〕A②参照

B　損田

①『類聚三代格』巻十五　損田幷租地子事　慶雲三年九月二十日勅

〔民上18〕参照

②『類聚三代格』巻十五　損田幷租地子事　霊亀三年五月十一日勅

〔民上19〕参照

C　収租法の変遷

①賦役令9水旱条集解令釈所引養老八年格

養老八年格云、租者、全以七分已上為定、不得以六分大半、

②『続日本紀』天平勝宝六年九月丁未（十五日）条

勅、如聞、諸国司等、貪求利潤、輸租不実、挙税多欺、由是、百姓漸労、正倉頗空、宜令京及諸国田租、不論得不、悉皆全輸、正税之利挙十取三、但田不熟、至免調庸限者、准令処分、

③『類聚国史』巻八十三　政理五　正税　延暦十六年六月庚申（六日）条

詔曰、古者什一而税、謂之正中、三代因循、頌声作矣、国家薄征利農、勤恤民隠、是以制令之日、田一町租、定為廿二束、其後有勅処分、減為一十五束、以今況古、軽重相懸、而今民部勘租之例、

通計国中、以七分已上為定、所余三分者、任国司処分、如今諸国之司、偏執斯例、雖遇年豊穣、全徴其租、而至納官不過七分、其所余者、常事截留、農夫以之受弊、貪吏因茲擅利、興言於此、事乖善政、自今以後、収租之法、宜計人別所営町段、仍作十分、収八免二、其八分之内、計損四分、若合門被害、産業全亡、如此之類、具録言上、然則人知輸法、獲免枉徴之苦、吏不私利、終杜施姧之途、宜班告率土、知朕意焉、

④『類聚国史』巻八十三 政理五 正税 延暦十九年四月乙酉（十七日）条

公卿奏議曰、美濃国言、賀茂、可児、土岐、恵奈四郡、居山谷際、土地墝埆、雖比郡有年、而損荒常多、通計彼此、僅為得七、而今依収八法、全徴無通、百姓不堪、申訴不息、伏請、賀茂恵奈二郡同収六、土岐可児二郡得七、永為恒例、臣等商量、地有沃墝、上下不等、年有穣荒、損得已殊、賦税之法、不可一概、又依令、損田五分者免租、而今之所行、不堪五分以下損、計人別所営一概収八、貧弊之民不堪弁備、申訴繁多、非独美濃、夫百姓之於賦役、僅増一分、則以為甚重、減片数、則甚以易悦、伏望、改新制而収七、依旧法而免三、其不用通計、一依新制、又損田七分以上卌九戸国司検実処分、自慶雲之年、迄于今、行之已久、因循為常、並復改張、依旧施行、庶望申訴之辞永息、何方之語斯起、千箱万庾、如京如坻、庶殷且富、庚哉易斯、臣等愚□不敢不奏、勅許之、

⑤『類聚国史』巻八十三　政理五　正税　延暦十九年五月癸丑（十六日）条

勅、天下田租、改張前例、十分之内、免三収七、夫降詔革例、本為済民、而国郡官司或不頒行、遂令恩渙空地、恵沢未洽、吏無絶奸、民不免弊、宜下知諸国、不得更然、如不改轍、必寘重科、其貢調之日、民集之時、便遣勅使、精加訪問、若有違詔、刑惟莫宥、

⑥『類聚国史』巻八十三　政理五　正税　大同元年十月己丑（三十日）条

天下諸国収租之法、復不三得七之例、

（参考1）『類聚国史』巻八十三　政理五　正税　大同元年十一月乙未（六日）条

勅、伊賀、紀伊、淡路等三国、頻年不稔、民弊殊甚、宜始自今年、六箇年田租、免四収六、

（参考2）『類聚国史』巻八十三　政理五　正税　大同元年十一月丙申（七日）条

備後、安芸、周防三国田租、限六箇年、免四収六、以民凋弊、

（参考3）『類聚国史』巻八十三　政理五　正税　大同三年九月庚子（二十一日）条

勅、去大同元年十一月六日格云、頻年不稔、民弊特甚、非有軽租、何得自存、伊賀、紀伊、淡路、三箇国田租、始自今年六箇年、収不四得六、亦今年三月十九日格云、収備後、安芸、周防等国田租、不四得六、有疑通計、宜毎戸立率、免四収六、莫用通計之法、

D　損七分以上戸、四十九戸以下の変遷

①『類聚三代格』巻十五　損田并租地子事　慶雲三年九月二十日勅

〔民上18〕参照

②『類聚国史』巻八十三　政理五　正税　延暦十九年四月乙酉（十七日）条

〔民上20〕C④参照

③『類聚三代格』巻十五　弘仁七年十一月四日官符〔民上20〕所引延暦二十一年七月十五日官符

E　収租法の実例的史料

①相模国封戸租交易帳（『大日本古文書』一―六三五頁）

（略）

②遠江国浜名郡輸租帳（『大日本古文書』二―二五八頁）

（略）

F　式の規定

①『延喜式』主計下（六二五頁）
凡諸国申損田年損戸、三分論之、七分已上戸一分已下、五分已上戸二分已下、以為定例、若過此限者、執申返帳、
②『延喜式』主税上（六四三頁）
凡勘租帳者、皆拠当年帳、即通計国内、十分以得七分已上為定、（後略）

〔解説〕
賦役令水旱条の運用に関する付加規定、及び、収租七割確保を定めた格。
水旱条には、水旱虫霜による不熟田に対しては田租の免除を規定しているが、一国全体としての収租額を最低でも七割は確保することが定められる。これが不三得七法である。収租七割確保は、本格（民上20）や延喜式（F②）にも規定されているが、これが、いつ頃からはじまる制度なのかは明確ではない。史料的には、養老八年格（C①）が注目されるが、この格については、収租七割確保を目的として新設された規定とみる説（虎尾・喜田・明石論文）と、そのようには捉えない説に大別される。後説においては、慣例として六分大半以上の収租が行なわれていたとする説（菊地論文）や、六分大半法の存在を推定する説（村尾論文）、さらに六分大半法を異損年のみに適用される収租法と理解する説（宮原論文）などがある。前説・後説とも史料上の制約から決定的なものとはなっていない。天平勝宝六年九月になると、輸租の不正をなくすため、水旱条の規定を改め、

損田の有無にかかわらず田租全輸とすることになる（C②）。ただし、損七分以上については水旱条の通りである。さらに、延暦十六年六月には、人別の営田についてあらかじめ二分を免除し八分の田租を輸させる定免法（免二収八法）を採用した（C③）。同時に、国内通計七割という勘租の基準を廃止しているので（C④）、収租七割確保は延暦十六年より以前から制度化していたことは確かめられる。この方式においては八分中の四分損で免租となるが、この四分は、全田積に対して六分（虎尾説）とするか四分（村尾説）とするか説の分れるところであるが、延暦十九年四月の公卿奏（C④）から考えて六分とした方がよさそうである。延暦十九年には、免三収七の定免法となり、同二十二年になって免二収八法が復活する。この場合、戸別営田での免二収八法であり、延暦十六年の人別営田に対する定免法とは文言の上では、異なるものであり、また、損五分で免租という水旱条の規定も復活している。さらに、国内通計で納官額を七割以上確保するために、五分以上損戸は一割、七分損戸は四十九戸以下（大国）とする細則が付加されている。ところが、定免法では三分損、四分損の場合が不利であるので大同元年に不三得七の旧例に戻され（C⑥・民上20所引大同元年官符）さらに弘仁七年にこの格旨を徹底させるために、民上20が出されたのである。従って民上20での収租法は、戸の総田積を基準として損率を算出し、損四分以下は半輸（比例免）、五分以上は免租とし、延暦二十一年の五分以上損、七分以上損の割合も継承されているので、一国全体で、不勘佃田などを除く応輸租額の七割以上を確保することがその内容である。

次に損七分以上戸については、慶雲元年格（民上18C①）から後は五十戸未満が国司の処分に任されていた（D①②）が延暦二十一年官符（D③）で国の等級による差等が設けられ、民上20においても踏襲されている。

不三得七法の実施に関わる史料として、天平七年相模国封戸租交易帳と天平十二年遠江国浜名郡輸租帳が取りあげられることが多い。前者については、明らかに七〇％強の収租率となっているので実施例と看做してもよい。後者については検討を要する。浜名郡輸租帳では、収租率は五二・八％でしかない。これについては、一国全体では七〇％を超えると考えることも可能であり、不三得七法の実施例の可能性もある。また、損田率を重視して、全得戸に半輸戸の総田を加えて六九・二％（菊地・明石説）、全得戸と半輸戸の得田に損五分以上戸の得田を加えて六六・二％（村尾・宮原説）とする説もある。これらは、養老八年格（C①）の六分大半を念頭において導き出される数値であるが、不三得七法や養老八年格の六分大半は収租率に関わるものであることは看過できないであろう。

水旱条では損田率の算出方法については規定されておらず、このことが集解諸説の問答を煩雑にしている。また、同様に、これまで記してきた多くの研究においてもこの点に対する見解の相違が結論部分にも大きく影響している。損田率の算出方法は、穫稲の減収率を田率に換算したものとする説（虎尾・菊地・宮原・明石論文）と、被害の明瞭な場合は容易に面積でも表しうるし、戸の口分田が散在的である場合は被害地域に包含される田とそうでない田は明確に区別できるとして、損田積そのものが損率であるとする説（村尾・森田論文）に分かれる。前者の説の方に再考の余地があると思われる。

（小市和雄）

〔参考文献〕

虎尾俊哉「律令制の推移」（『歴史教育』二—六）
虎尾俊哉「不三得七法について」（『日本上古史研究』一—一二）
村尾次郎『律令財政史の研究』第二章第四節　租税の歩止制（田租の不三得七法）

喜田新六「令制下における官物徴収の請負的傾向」(『中央大学文学部紀要』史学科二)
菊地康明「不三得七法について」(『書陵部紀要』一〇)
米田雄介「収租定率法に関する一史料」(『続日本紀研究』一二八)
宮原武夫『日本古代の国家と農民』第二章　収租定率法の成立
森田悌『解体期律令政治社会史の研究』第一部第四章　古代の検田について
明石一紀「相模国封戸租交易帳と収租定率法」(『神奈川県史研究』三五)
小市和雄「延喜青苗簿式の成立」(『史観』一一〇)

246〔民上21〕応輪陸奥国屯田租地子事　延暦十五年十月廿八日

『類聚三代格』巻十五　損田幷地子事

太政官符
　応輪陸奥国屯田地子事
右被大納言正三位紀朝臣古佐美宣偁、奉　勅、屯田地子、自今以後、宜町別准稲廿束令輸、
　延暦十五年十二月廿八日

B　屯田

『日本後紀』弘仁三年七月癸酉（十七日）条

陸奥国言、屯田元二百町、伏望定一百町、為鎮守儲者、許之、

C　地子

①『弘仁式』主税

〔民上34〕B②

○『延喜式』主税上（六五四頁）参照

②『弘仁式』主税

凡公田穫稲、上田五百束、中田四百束、下田三百束、下下田一百五十束、地子各依田品令輸五分之一、若惣計国内、所輸不満十分之九者、勘出令塡、其租一段穀一斗五升、町別一石五斗、皆令営人輸之、

○『延喜式』主税上（六五四頁）参照

〔解説〕

陸奥国の屯田の地子を町別二十束に定めた格。

陸奥国の屯田の起源ならびに経営形態は不明であるが、弘仁三年には百町を定めて鎮守府の儲としていることがわかる（B）。

屯田について板橋源氏は、大宝田令に存存していたと思われる屯田との関連を指摘されているが、本格では、唐において、辺境に設置され府兵に耕作させた屯田との関係についても考えられよう。

本格の地子が町別二十束ということは、下下田の公田地子三十束（C②）よりもさらに少ないことになる。おそらく、陸奥国の特殊事情によるものであろう。また、陸奥国の公田地子は儲備幷びに鎮兵の粮に充てられていたことがわかる（C①）。なお本格は、類聚三代格と弘仁格抄との間に日付の違いがある。（川尻秋生）

〔参考文献〕

板橋源「鎮守府儲屯田考」（『岩手史学研究』二一）
青山定雄「唐代の屯田と営田」（『史学雑誌』六三―一）

247〔民上22〕応収出挙息利事　弘仁元年九月廿三日

『類聚三代格』巻十四　出挙事

太政官符
応収出挙息利事
右大納言正三位藤原朝臣園人奏偁、謹案去延暦十四年閏七月一日 勅書偁、如聞、諸国出挙正税例収半倍息利、貧窮之民不堪備償、多破家産、或下自存、宜其論定公廨及雑色稲出挙息利、始自今年一従減省、仍率十束収利三束者、由茲観之、矜百姓之罄乏惜萌俗之弊衰也、大同之初改張此例、更率十束収利五束、爾来迄今彫損滋甚、水旱疾疫頃年相仍、僅頼今歳之豊稔少慰先時之菜色、然而窮困之民未得興復、備償之煩当従軽尠、伏請、論定公廨及雑色稲出挙息利、始自今年一依去延暦十四年勅行之、庶令改重従軽済弊招益者、右大臣宣、奉 勅、依奏、但陸奥出羽両国不在此限、
弘仁元年九月廿三日
○『日本後紀』弘仁元年九月庚申(二十三日)条
制、諸国出挙官稲、率十束収利三束、但陸奥出羽二国、不在此限、
○『類聚国史』巻八十三 政理五 正税 弘仁元年九月庚申(二十三日)条
制、諸国出挙官稲、率十束収利三束、但陸奥出羽二国不在此限、

A　令の規定

雑令20以稲粟条

凡以稲粟出挙者、任依私契、官不為理、仍以一年為断、不得過一倍、其官半倍、並不得因旧本、更令生利、及廻利為本、若家資尽、亦准上条、

B　出挙利率の変遷

①『続日本紀』養老四年三月己巳（十七日）条

太政官奏、比来百姓例多乏少、至於公私不弁者衆、若不矜量、家道難存、望請、比年之間、令諸国毎年春初出税、貸与百姓、継其産業、至秋熟後、依数徴納、其稲既不息利、令当年納足、不得延引数有逋懸、又除租税外公稲、擬充国用、一概無利、恐其頓絶、望請、令諸国毎年出挙十束、取利三束、仍令当年本利倶納、

②『続日本紀』養老六年閏四月乙丑（二十五日）条

太政官奏曰、（中略）陸奥按察使管内、（中略）又公私出挙、取利十分之三、

③紀伊国正税帳　天平二年度（『大日本古文書』一―四一八頁）

出挙壱万陸阡壱伯捌拾束
　身死壱伯参人　免税参阡壱拾陸束
定納本壱万参阡壱伯陸拾肆束
　利陸阡伍伯捌拾弐束

④伊豆国正税帳　天平十一年度（『大日本古文書』二―一九六頁）
出挙伍仟束債稲身死伯姓一人、免稲百束
定納本肆仟玖伯束
　利弐仟肆伯伍拾束依兵部省天平十一年六月七日符、悉免之

⑤『続日本紀』天平勝宝六年九月丁未（十五日）条（民上20C②参照）

⑥『続日本紀』延暦七年九月庚午（二十六日）条
詔曰、（中略）宜諸進役夫之国、今年出挙者不論正税公廨、一切減其息利、縦貸十束其利五束、二束還民、三束入公、其勅前徴納者、亦宜還給焉、

⑦『類聚国史』巻八十三　政理五　正税　延暦十四年閏七月乙未朔条
詔曰、字民之道、義資恤隠、富国之方、事在薄斂、朕祗膺霊命、嗣守丕基、身在巌廊、心遍区域、

思俾菽粟之積等於京坻、礼譲之風興於萌俗、而四海之内未洽雍熈、百姓之間致有罄乏、如今諸国出挙正税例収半倍息利、貧窮之民不堪備償、多破家産、或不自存、興言於此、深以閔焉、古人有言、百姓足、君孰与不足、且其論定公廨及雑色等稲出挙息利、始自今年、一従省減、仍率十束、収利三束、庶阜財利用、済生民於頽弊、家給人足、緝隆平於当今、布告遐邇、使知朕意、

（参考）『政事要略』巻五十九　交替雑事　禁断犯用官物事

交替式云、（中略）

又云、太政官符、百姓負官稲身死不須免除事

右准令、百姓負官物稲、身死者理不可徴、又免死之法十分而免一分、今諸国百姓、出挙之日、多受正税、収納之時、競申死亡、已非有悛革何絶奸源、自今以後、不得免除、

　　延暦十四年閏七月廿一日

⑧『日本後紀』大同元年正月甲午（二十九日）条

勅、承前出挙雑稲、収半倍利、法令恒規、不易之典、延暦十四年改率十束、利収其三、此欲民阜財用、俗期隆泰也、如聞、富豪之輩、競求多得、貧弊之家、倶苦不贍、吏惑愚闇、治乖清公、遂令百姓不免罄乏、倉廩徒致減損、革弊之途、於此為切、加以収納官稲、不免死人、思彼孤遺、深以矜愍、

自今以後、論定公廨及雑色稲、出挙息利、収半倍利、死者負稲、依旧免除、

⑨『類聚三代格』巻六　公廨事

太政官符

応以論定利稲加給国司鎮官公廨事

合公廨本稲七十五万三千三百七十八束

国司料六十四万一千二百束　鎮官料十一万二千七十八束

利稲廿二万五千九百八十三束四把小利

国司料十九万二千三百六十束

相折大利所減十二万八千二百卌束

鎮官料三万三千六百廿三束四把

相折大利所減二万二千四百十五束六把

今応加給減分料十五万六百五十五束六把

右得陸奥国解偁、辺城之吏、事在勤王、遠辞郷国、資糧難給、専頼公俸、更無支用、而所給公廨在

昔大利之時、率一分之人、五千三百廿束、当今少利之日、率一分之人、二千八百八十束、（中略）

承和十一年九月八日

C　式の規定

『延喜交替式』82

凡論定公廨、及雑色稲出挙息利、率十束収三束、

（参考）『延喜交替式』90

凡百姓負官稲、身死不得免除、

〔解説〕

正税出挙の利率を、令制の五分から三分に引き下げることを規定した格。

雑令以稲粟条（A）によれば、官出挙の利率は半倍とされている。この利率は、養老年間に一時三割とされたが（B①②）、やがて五割に引き上げられたと考えられる（B③④）。この利率五割の制は、天平勝宝六年からの一時期三割に引き下げられた以外は（B⑤⑥）、ほぼ奈良時代を通して維持されていたと思われるが、平安遷都後の延暦十四年に再び三割に引き下げられることになった（B⑦）。この改定は、延暦二十五年にまた五割に戻されたが（B⑧）、薬子の変直後の本格によって、延暦十四年制に復することになった。

承和十一年官符（B⑨）、延喜交替式82（C）等によれば、正税出挙利率に関する当格の規定は、以後変更され

なかったと考えられる。

なお、利率と身死百姓負稲免除の規定は密接な関係がある。利率の改定は、前述のように、当格以後は行われていないと考えられ、従って、延暦十四年の身死百姓負稲不免除の規定は、当格により復活したものと考えられ、ここから、延喜交替式90が成立した。

（渡部光樹）

〔参考文献〕

喜田新六「正税出挙の実態」（『瀧川博士還暦記念論文集』二、所収）
喜田新六「公廨稲出挙の性格」（『中央大学文学部紀要』九）
早川庄八「公廨稲制度の成立」（『史学雑誌』六九—三）
薗田香融「出挙」（『日本古代財政史の研究』）
村尾次郎『律令財政史の研究』第四章　公出挙制の展開
早川庄八「交替式の基礎的研究」（『日本歴史』二三九・二四〇）

248〔民上23〕　応停止除出挙正税本稲以外尽令糙事　大同元年八月廿五日

『類聚三代格』巻八　不動々用事

太政官符
応停止除出挙正税本稲以外尽令糙事
右得東海道観察使従三位行式部卿藤原朝臣葛野麻呂解偁、検太政官去延暦十八年五月廿日下諸国符偁、太政官去延暦十七年九月十七日符偁、自今以後、出挙正税、給穀、収穀立為恒例者、今被右大臣宣偁、奉　勅、如聞、稲有早晩、各任土宜、而尽穎為穀、種子難弁、宜本者収穎利者納穀、不絶本穎、廻充種子、本稲之外不得収穎、若有過限収穎者、国郡官司科違勅罪者、今或国司等偏執此符、公廨利稲幷年中雑用皆悉令糙、其収糙之儲将充遠貯、而今日労糙、明年尽用、徒有民弊、曾無公益、望請、依延暦十一年十一月廿八日符、年中雑用幷公廨等稲不労為糙、以省民弊者、右大臣宣、奉　勅、依請、

大同元年八月廿五日

○『日本後紀』大同元年八月乙酉（二十五日）条
参議東海道観察使従三位藤原朝臣葛野麻呂言、延暦十七年格、出挙正税、給穀収穀、立為恒例者、而今奉勅、稲有早晩、各任土宜、而尽穎為穀、種子難弁、宜本者収穎、利者納穀、不絶本穎、廻充種子、本稲之外、不得収穎、若有過限収穎者、国郡官司、科違勅罪者、今或国司等、偏執此格、公廨利稲幷年中雑用、皆悉令糙、其収穎穀之意、本為遠貯、而今日労糙、明年尽用、徒有民弊、曾無公益、伏望

依延暦十一年十一月廿八日格、年中雑用并公廨等稲、不労為糙、以省民弊者、許之、

○『類聚国史』巻八十三　政理五　正税　大同元年八月乙酉（二十五日）条

参議東海道観察使従三位藤原朝臣葛野麻呂言、延暦十七年格、出挙正税、給穀収穀、立為恒例者、而今奉勅、稲有早晩、各任土宜、而尽穎為穀、種子難弁、宜本者収穎、利者納穀、不絶本穎、廻充種子、本稲之外、不得収穎、若有過限収穎者、国郡官司、科違勅罪者、今或国司等偏執此格、公廨利稲幷年中雑用皆悉令糙、其収穎穀之意、本為遠貯、而今日労糙、明年尽用、徒有民弊、曽無公益、伏望、依延暦十一年十一月廿八日格、年中雑用幷公廨等稲、不労為糙、以省民弊者、許之、

A　令の規定

雑令20以稲粟条

〔民上22〕A参照

B　穎稲の糙成

①『続日本紀』養老三年六月癸酉（十六日）条

制、穀之為物、経年不腐、自今以後、税及雑稲、必為穀而収之、

②『延暦交替式』30

太政官符、応糙諸国古稲事、得民部省解偁、被太政官去延暦五年三月廿八日宣偁、諸国正税、除論定公廨幷年中雑用之外、残穎満卅万束、宜返却正税帳、若不及者、留帳勘申者、諸国不務糙成古稲稍多、交替之日、彼此有煩、為糙之時、還陳耗損、望請、除年中出挙雑用之外、不遺束把、咸皆為糙者、省宜承知、依件施行、

延暦十一年十一月廿八日

③『延暦交替式』31

太政官符、応正税本稲依旧挙穎事、検案内、太政官去年九月十七日下諸国符偁、自今以後、出挙正税、給穀収穀、立為恒例者、是則絶租税耗損之源、改吏民塡備之弊、今被右大臣宣偁、奉　勅、如聞、稲有早晩、各任土宜、而尽穎為穀、種子難弁、宜本者収穎、利者納穀、不絶本穎、廻充種子、其承前之事、惣納穎稲、計帳之日、更出令糙、甲乙所進、丙丁代糙、至有欠損、糙者塡之、遂乃富強之人拱手無労、貧弱之家合門受弊、自今以後、自糙自進、本稲之外、不得収穎、其用尽旧稲、一依前符、若有過限収穎及遺旧稲者、国郡官司、科違　勅罪、損耗贓重者、亦計贓科之、後任国司、

阿受容領、与同罪者、諸国承知、依件行之、

延暦十八年五月十七日

④『延暦交替式』32

太政官府、禁断糙旧稲徴欠分事、検案内、太政官去五月十七日下諸国騰　勅符偁、承前之事、惣納穎稲、計帳之日、更出令糙、甲乙所進、丙丁代糙、至有欠損、糙者塡之、遂乃富強之人拱手無労、貧弱之家合門受弊、自今以後、自糙自進、用尽旧稲、一依前符、若有違者、科違　勅罪者、今被右大臣宣偁、奉　勅、今聞、諸国違符失旨、混糙旧稲、甲乙相換、塡其欠分、当時租税、猶未塡納、旧年欠損、亦已切徴、民之彫弊、職此之由、宜鄭重下知不得更然、但所欠損者、各徴其時官、遣使採訪、更有違者、罪如前符、一無所宥者、諸国承知、不得更犯、

延暦十八年八月廿七日

C　穎稲糙成の進展状況

①『政事要略』巻五十七　交替雑事　雑公文事　天暦四年九月十六日勘文所引弘仁式勘税帳条逸文

凡勘税帳者、（中略）及除年中出挙雑用之外、所残穎不糙之類、並顕勘出、不須返帳者、

②『類聚三代格』巻八　不動々用事

太政官符

（中略）

一応令糙年中出挙雑用遺稲幷前司分付古稲事

右同前解偁、同寮解偁、謹検格条、年中出挙雑用之外、不遺束把皆咸為糙、而今諸国残稲不務糙成、違乖格旨、古稲猶多、凡穎与穀資用不同、国家之貯穀是為要、所司須返帳不勘、而案式、年中出挙雑用残稲不糙之穎、並顕勘出、不須返帳者、因茲年々雖顕勘出、国司曾無改悛、此則於帳無煩、於吏無責之所致也、望請、殊科責令慎将来者、省依解状謹請　官裁者、同宣、奉　勅、依請、仍須当任雑用残稲不論多少、随年糙納、又前司分付古稲、後司相承立率為糙、其率法者作十分論、毎年糙一分、但不論士浪随営田数令糙、其穀即委納不動、若不遵行同返税帳、以前条事如右、宜依件行之、

寛平三年八月三日

D　式の規定

『延喜交替式』85

凡正税稲、本者収穎、利者納穀、不絶本穎、廻充種子、謂、稲有早晩、各任土宜、若尽為糙、種子難弁、若有過限収穎者、国郡司科違勅罪、但年中雑用、幷公廨利稲、不労為糙、

〔解説〕

公廨利稲及び年中雑用について、穎稲で収納することを規定した格。

雑令以稲粟条には、出挙利率の規定はあるが、利息の収納に関しては何も触れていない(A)。また、養老三年には、正税出挙稲と雑色官稲は穀で収納すべきことを命じているが(B①)、天平年間の正税帳等を見ると、利息に関しては穎稲で納められるのが原則であったと考えられる。しかし、こうして蓄積された穎稲の処分に関して、延暦年間になると相次いで法令が発せられることになった。即ち、諸国の穎稲は、延暦五年、論定・公廨・年中雑用に用いるもの以外で、穎稲の残額が三十万束以上に達する場合は、超加分を糙して穀とすることが令されたが、糙成が進まなかったために、延暦十一年には年中出挙本・利稲と雑用にあてる穎稲以外はすべて穀に糙成することを命じている(B②)。しかし、穎稲の糙成は進まなかったらしく、この後の延暦十七年には、正税出挙に関して、従来の穎稲出挙を停止して、穀を出挙し、穀で収める方式が採用されたが、穎を尽くして穀と為すは種子弁じ難しとの理由により、翌延暦十八年には、正税出挙本稲は穎で収納し、利稲分は百姓に自糙させて穀で収納することになった(B③)。これら一連の格は、出挙利稲の蓄積によって増加した古稲を糙成することによってその損耗を防ぐとともに(B②③)、当時問題となっていた不動穀の減少という事態に

対処することを目的としたものであったと考えられる（民上24）。これら、延暦十一年と延暦十八年の改定は、それぞれ、延暦交替式30・31として規定されているが、延暦十八年の改定の結果、官符では触れられていない公廨利稲及び年中雑用まで、正税利稲と同様に糙進されることとなり、さらに国司が、糙進された新穀から用いるという事態が生じたらしい。そのため、延暦十八年官符を曲解した現状を正して、年中雑用と公廨利稲に関しては穎稲で収納するという延暦十一年官符の規定に従うことを明確にしたものと考えられる。従って、本格は、延暦交替式30・31での年中出挙・雑用稲の収納法を徹底するための格ということができる。

延暦十八年官符（延暦交替式31）と本格による正税・公廨・年中雑用の収納に関する規定は、以後変更されず、これから延喜交替式85が成立している。なお、延暦十一年官符（延暦交替式30）での年中出挙・雑用を除く穎稲は、すべて糙成するという規定は、弘仁式勘税帳条（C①）に、年中出挙雑用を除くの外、残る所の穎不糙の類は、並びに顕かに勘出して、返帳すべからずとあることから、一定の時間的余裕を持たせて実行することを目指したものと思われるが、寛平三年官符（C②）からは、この規定による穎稲の糙成が進んでいなかったことが知れる。

（渡部光樹）

〔参考文献〕

早川庄八「公廨稲制度の成立」（『史学雑誌』六九―三）
八木充『律令国家成立過程の研究』第三編第二章　律令国家と稲穀収取
虎尾俊哉「慶雲三年の輸租折衷法について」（『日本古代土地法史論』）
櫛木謙周「律令制下における米の貢進について」（『続日本紀研究』二〇五）

櫛木謙周「八・九世紀における徭役労働の実態について」(『日本史研究』一八五)
東野治之「古代税制と荷札木簡」(『日本古代木簡の研究』)
岡田利文「弘仁主税式勘税帳条の成立」(関晃先生還暦記念『日本古代史研究』所収)
林陸朗「『延暦交替式』の実効力」(『国史学』一二〇)
松原弘宣「春米収取と春米作業」(『続日本紀研究』二四五)

249 〔民上24〕 応年中雑用停用新穎先尽旧穀事　同(大同)三年八月三日

『類聚三代格』巻八　不動々用事

太政官符

　応年中雑用停用新穎先尽旧穀事

右検拠令条、凡貯積者稲穀粟支九年、又太政官去天平十二年八月十四日符偁、其官用便用遠年不動穀、天平宝字七年三月廿五日符偁、不動倉鉤匙自今以後進上於官、但穀有須用、臨時請之者、然則貯支之事既立年限、雖曰不動必有可用、而諸国司等不存公平、頃年所行既乖令格、遂令遠年旧穀徒損倉中、救急之儲誠非其資、今被右大臣宣偁、奉　勅、宜自今以後、年中雑用除進官春米以外、停用当年新穎、先尽

遠年不動、当年所輸新穀即委以為不動、但論定本穎及公廨等之類、並依大同元年八月廿五日符収穎、

大同三年八月三日

A　令の規定

①倉庫令5倉蔵給用条逸文

倉蔵給用、皆承太政官符、其供奉所須、及要速須給、并諸国依式合給用、先用後申、其器物之属、以新易故者、若新物到、故物並送還所司、年終両司、各以新故物計会、非理欠損者、徴所由人、

②倉庫令6倉蔵貯積雑物条逸文

凡倉蔵貯積雑物、応出給者、先尽遠年、其有不任久貯、及故弊者、申太政官、斟量処分、

③倉庫令7倉貯積条逸文

凡倉貯積者、稲穀粟支九年、雑種支二年、糒支廿年、貯経三年以上、一斛聴耗一升、五年以上二升、

B　不動倉の管理

①『延暦交替式』22

太政官符、大税者、自今已後、別定不動之倉、以為国貯之物郡別造鎰一勾、国郡司等各税文及倉案、注其人時定倉、後検校欠徴所連署人、

和銅元年閏八月十日

②『延暦交替式』26

乾政官符、応令進上五畿内并七道諸国不動倉鈎匙事、国司交替之時、依不動物多煩、自今已後、件鈎進官、但応修理其倉及疑有雨損、臨時請鈎、

天平宝字七年三月廿四日

○『続日本紀』天平宝字七月三月丁卯（二十四日）条参照

C　不動穀の減少とその対策

①尾張国正税帳　天平二年度（『大日本古文書』一―四一三頁）

都合定穀弐拾壱万参仟参伯弐拾肆斛八斗一十六万九千四百九十四斛六斗、不動

養老六年按察使検定穀壱拾陸万弐阡捌伯捌斛捌斗縁振所入一万六千二百九十八斛九斗八升

神亀元年以還穀伍万伍伯壱拾陸斛縁振所入五千二百卌九斛五斗九升

（後略）

②長門国正税帳　天平九年度（『大日本古文書』二―三六頁）

天平七年検校腐穀壱拾壱斛伍斗弐升伍合不動穀四斛五斗二升五合、動穀七斛

③佐渡国正税帳　天平七年度以降（『大日本古文書』二―一二二頁）

（前略）

天平七年検校不動穀腐所除代償参伯玖拾五斛玖斗参升壱合柒夕玖撮振入廿二斛四斗斛別入六升

（中略）

天平七年検校不動穀腐所除代償参伯柒拾斛玖斗弐升肆合伍夕振入廿斛九斗九升斛別入六升

（後略）

④『続日本紀』延暦四年七月丁巳（二十四日）条

勅曰、夫正税者、国家之資、水旱之備也、而此年、国司苟貪利潤、費用者衆、官物減耗、倉廩不実、職此之由、宜自今已後、厳加禁止、其国司如有一人犯用、余官同坐、並解見任、永不叙用、贓物令共塡納、不在免死逢赦之限、遞相検察、勿為違犯、其郡司和許、亦同国司、

⑤『延暦交替式』30　延暦十一年十一月二十八日官符

〔民上23〕B②参照

⑥『延暦交替式』31　延暦十八年五月十七日官符

〔民上23〕B③参照

⑦『延暦交替式』32　延暦十八年八月二十七日官符

〔民上23〕B④参照

⑧『類聚三代格』巻八　不動々用事　大同元年八月二十五日官符

〔民上23〕参照

D　不動穀の開用

①『貞観交替式』1

倉庫令、凡倉蔵貯積雑物、応出給者、先尽遠年、其有不任久貯及故弊者、申太政官、斟量処分、

②『類聚三代格』巻八　不動々用事

太政官符

応禁制輙開用不動穀事

右不動之物国家貯積、非有官符何輙開用、而頃年之間、諸国司等寄事公用、不待報符、且言且開、須加科責令慎将来、官量権宜、許而不責、積習為常、寔可懲粛、右大臣宣、奉　勅、宜早下知莫令更然、若猶不悛、科以違勅、不曾寛宥、

貞観八年十二月八日

○『日本三代実録』貞観八年十二月八日条参照

③『類聚三代格』巻八　不動々用事

太政官符

一応令開用不動穀遺不加動用後年委塡事

右得民部省解偁、主税寮解偁、不動穀者、遠年之儲、非常之備、尋常之時不可輙用、而或国称不足例年雑用、申請件穀指倉開用、仮令可用千斛之穀、猶開万斛之倉、遺九千斛皆為動用、元来為例、所司無責、不動減少職此之由、式云、穀未下尽不得除耗、然則迄下尽日可謂不動、而多許之遺、更為動用、求之政途頗乖公平、望請、自今以後、開用倉遺猶為不動、其所用之穀後年必令委塡、又開用不動事須先尽遠年、而或国寄言納倉破損、申開近年不動、須修理其倉如旧委納、而開用之後、袟限已満、不加修理亦無委塡、遂使新穀之資好充用途、九年之貯一時永絶、推之物情、

亦乖理途、重望、殊施厳制一切禁制者、省依解状謹請官裁者、右大臣宣、奉　勅、依請、但開用遺穀率於本数、不足五分之一、不可更労委塡、不得偏恃此事毎倉置遺、若不遵行返却税帳、

(中略)

以前条事如右、宜依件行之、

寛平三年八月三日

④『類聚三代格』巻八　不動々用事

太政官符

応開見不動倉事

右得山城国解偁、検案内、太政官去寛平七年七月十日下五畿内七道諸国符偁、交替式云、国司交替之時依不動物多煩、自今以後、彼鉤進官、但応修理其倉、及疑有雨損、臨時請鉤、新案云、不動之物理合算勘、自非開見何知積高、須毎当交替請其鉤匙者、牧宰偏依新案好開不動、或亦任意無請鉤匙、論之政途未為允適、中納言兼左近衛大将従三位行春宮大夫藤原朝臣時平宣、奉　勅、政有沿革、随時弛張、自今以後、専如先式者、今検此符事有不尽、何則算勘不動者、必拠丈尺積高、其高広之与丈尺在外易知、積高之与塞基在内難弁、已無開検、何以算勘、望請、改前件符、一依交替式新案

行之、謹請官裁者、遣唐大使中納言従三位兼行民部卿左大弁春官権大夫侍従菅原朝臣宣、奉　勅、依請、諸国准此、

寛平九年五月十三日

E　式の規定

①『延喜交替式』63

凡倉蔵貯積雑物、応出給者、先尽遠年、其有不任久貯、及故弊者、申官斟量処分、

②『延喜交替式』64

凡開用不動穀遺、猶為不動、其所用之穀、後年委塡、若率於本数、不足五分之一、不可更労委塡、但不得毎倉置遺、

③『延喜交替式』65

凡諸国不動倉鉤匙進官、毎当交替請之、応修理其倉及疑有雨損臨時亦請、

④『延喜式』中務省（三五二頁）

凡諸国所進不動倉鑰者、官副国解下省、省即勘収庫、若応出下者、待官符下、然後出充、

⑤『延喜交替式』66

凡諸国不動穀、不待報符輙開用者、科違勅罪、

〔解説〕

民上23で穎稲で収納されることになった公廨利稲と年中雑用のうち、特に年中雑用への新穎利用を停めて、不動倉中の旧穀を使用することを定めた格。

令条には、稲穀の貯蔵年限を九年とする規定があるが（A③）、和銅元年に設置された不動倉は（B①）、遠年の儲、非常の備として通常は開用されなかったらしく、その鉤匙は太政官に進上して、倉の修理や雨損など臨時の場合に申請することとされていた（B②）。そのため、実際には法定年限を過えて貯蔵されることが多かったらしく（C①）、腐穀等による不動穀の減少が天平年間から進行していたことが想像される（C②③）。

こうした不動穀の減少は、国司の不正使用という事態も加わって、延暦年間には深刻な問題になってきたため（C④）、政府は穀の増加策を相次いで行っている（C⑤⑥⑦⑧）。本格もそうした不動穀増加策の一つであり、穎稲で収納・支出されることになっていた年中雑用のうち進官舂米を除いて、不動倉中の旧穀から支出することにしたもので、進官舂米以外の穎稲で収納されることになっていた年中雑用分の稲は、正税出挙利稲とともに穀納され、不動穀に廻されることになったものと思われる。従って、本格は、民上23の年中雑用の収納法を一部改定するという意味の他に、倉庫修理や雨損に際してのみ開かれる、換言すれば普段は開用されない原則になっていたと思われる不動穀の開用を規定するという意味を持つものであると考えられる。

なお、本格の不動穀開用規定は、国司による不動穀の無断開用を招き、かえって不動穀の減少に拍車をかけることになったことが、九世紀後半の諸官符（D②③④）から推察されるが、こうした事態に対処するため、D①②③④の諸官符により、延喜交替式63～66の不動倉の管理規定ができた。

（渡部光樹）

〔参考文献〕

村尾次郎『律令財政史の研究』第三章　正倉管理
宮原武夫『日本古代の国家と農民』第一部　古代国家と田租　第三章　不動倉の成立
山里純一「不動穀について」（『日本歴史』三六〇）
小市和雄「不動倉の機能」（『古代天皇制と社会構造』所収）
福井俊彦『交替式の研究』第三章
林陸朗「『延暦交替式』の実効力」（『国史学』一一〇）

250〔民上25〕応収納官物依本倉事　弘仁五年九月廿二日

『類聚三代格』巻十四　出挙事

太政官符

応収納官物依本倉事

右検右大臣今月廿日奏状偁、諸国所収官物、本倉色目具注税帳、而或国司非必其人、有便郡稲即充公廨、当土百姓不得挙給、遠授他郡、徒疲往還、是以不便之処物数有剰、至于交替通計諸郡、名無欠失実与帳違、積習成俗其弊未改、彼出雲国最多此類、縦令甲郡応貯而納乙処、狂賊作乱、還致失火、帳注全倉、物既灰燼、公家之損莫過斯甚、伏望、自今以後、下知諸国依帳収納、甲乙之郡不許通計、若本倉相違准状科処、庶令官家少損黎民急済者、中納言正三位藤原朝臣葛野麻呂宣、奉　勅、依奏、其年中雑用亦准所収物数彼此遍用之、不得輙遂便郡全充一処、

弘仁五年九月廿二日

○『日本後紀』弘仁五年九月癸巳（二十日）条

右大臣従二位兼行皇太弟傅藤原朝臣園人奏言、諸国所収官物、本倉色目、具注税帳、而或国司非必其人、便郡稲者、即充公廨、賜百姓者、必於遠郡、是以不便之郡、物既羸余、至于交替、通計彼此、出雲国最多此類、縦令応貯甲郡而納於乙処、帳是全倉、物為煨燼、伏望自今而後、普知諸国、依帳収納、甲乙之郡、不許通計、若本倉相違、准状科処、庶官家少損、黎民蒙済、依請焉、

○『類聚国史』巻八十四　政理六　収納官物　弘仁五年九月癸巳（二十）条

右大臣従二位兼皇太弟傅藤原朝臣園人奏言、諸国所収官物、本倉色目、具注税帳、而或国司非必其人、便郡稲者、即充公廨、賜百姓者必於遠郡、是以不便之郡、物既羸余、至于交替、通計彼此、出雲国最多此類、縦令応貯甲郡、而納於乙処、帳是全倉、物為煨燼、伏望自今而後、普知諸国、依帳収納、甲乙之郡不許通計、若本倉相違、准状科処、庶官家少損、黎民蒙済、依請焉、

A　令の規定

倉庫令3創出給条逸文

凡倉出給者、毎出一倉尽、乗者附帳、欠者随事徴罰、蔵亦准此、

B　延暦交替式の規定

『延暦交替式』15

又倉庫令、凡倉出給者、毎出一倉尽、乗者附帳、欠者随事徴罰、蔵亦准此、

今案、交替之日、甲乙之倉、丙丁之郡、迭有欠乗、准拠令条、不許通計、而天平宝字元年説令所定事云、交替之日、殊聴通計者、此定事与令似相違也、今平論其義、令文者可為不動之例、

定事者可為動用之式、仍須動用穀類並許通計、唯別色之物、従来定処、彼倉所乗、明非後人功、此倉所欠、見有受領人、如是之類不可許通計也、

C　延喜交替式の規定

①『延喜交替式』67

凡倉出給者、毎出一倉尽、乗者附帳、欠者随時徴罰、蔵亦准此、動用穀穎、交替之日並通計、唯別色之物者、不許通計也、

②『延喜交替式』68

凡諸国所収官物、依帳収納、甲乙之郡不許通計、若本倉相違、准状科処、其年中雑用、亦准所収納数、彼此遍用之、不得輒逐便郡、全充一処、但交替日聴通計、

〔解説〕

官物の収納に際して本倉毎に正税帳に注記し、国司交替時に甲乙郡間で通計することを禁止した格。

令条によれば、倉庫からの出給は一倉毎に正税帳に記すのが原則であり（A）、国司交替に際してその欠乗を各倉間、或いは各郡間で通計することは禁止されていたと考えられるが、延暦交替式15に付された今案では、国司交替に際して殊に通計を聴した天平宝字元年説令所定事をうけて、不動穀に関しては令の原則通り本倉毎

に帳に付すとした上で、動用穀類に関しては説令所定事に従い通計を聴すこととした（B）。本格はその今案を改めて、公廨等の動用についても、収納に際して正税帳に注して諸郡間の通計を禁止したものであり、また、民上24により不動倉中の旧穀から支出されることになった年中雑用に関しては、収納数に従って各郡遍用することとした上で、交替の日に通計することが聴されており、この点でも不動穀の通計を禁じた今案を改めるものである。本格によるこうした改定は、民上23・24により穎稲の収取が正税本稲、公廨本・利稲、年中雑用中の進官舂米分に限定されたこと、民上24で不動倉中の旧穀から年中雑用分を支出し、正税利稲と進官舂米以外の年中雑用が糙成・貯積されることになったのに伴い、不動穀・動用穀の区別が曖昧になったことに対処し、各倉毎の収納をより厳密に行う必要が生じたためになされたものと考えられる。

なお、本格からは、延喜交替式68が成立している。

（渡部光樹）

〔参考文献〕

村尾次郎『律令財政史の研究』第三章　正倉管理
林陸朗「『延暦交替式』の実効力」（『国史学』一二〇）

251〔民上26〕応令春年料白米事　延暦一五年十一月廿一日

『類聚三代格』巻十四　雑米事

太政官符

応令春年料白米事

右被大納言正三位紀朝臣古佐美宣偁、奉　勅、如聞、諸国所春年料白米、或以古稲充、或便春米納、民之承弊率皆由是、朝委之情豈合如此、宜収納之日即以所進正税令春、仮令挙百束戸春利十束、然則百姓有息物亦無遺、

延暦十五年十月廿一日

A　令の規定

田令2田租条

凡田租、准国土収獲早晩、九月中旬起輸、十一月卅日以前納畢、其春米運京者、正月起運、八月卅

日以前納畢、

（参考） 田令2田租条集解穴記

穴云、（中略）於今行事、田租成籾、以税為舂米故、給功舂運耳、

B 舂功・舂成方式

① 『延暦交替式』30 延暦十一年十一月二十八日官符

〔民上23〕B②参照

② 『延暦交替式』31 延暦十八年五月十七日官符

〔民上23〕B③参照

C 式の規定

① 『弘仁式』 主税

凡進官年料并国中雑用等米、不充舂功、但以外皆充、白米五斗、稲二束、黒米一束、

○『延喜交替式』53参照

②『延喜式』 主税上（六五五頁）

凡進官年料并国中雑用等米、不充舂功、以外皆充、白米五斗稲二束、黒米一束、但地子白米五斗三束、黒米二束、令作乗田家便舂輸之、

〔解説〕

年料舂米の収納法の改定、及び、民上24を補足する格。

年料舂米は田令においては、田租を舂成することになっているが（A）、天平期の正税帳においては総て正税出挙利稲から支弁されており、また、延暦期においても同様と考えられる。こうした令制の変更に関する規定は法典上は本格によってなされている。

奈良期における年料舂米の舂成は、一旦納入された穎稲を対象にして行われ、その際、古稲を舂く場合と、新稲を舂く場合があったと推定されている。本格では、正税出挙利稲のうち本稲に対しては十分の一の利稲を舂米として残りの利稲とともに納入する方式が規定された。この際、舂功料は出されることはない（C①）。

こうした変更は、B①②や民上23・24で指摘されている出挙本利稲の穀納・穎納の問題や、古稲の処理の問題に関する対策とも密接に関わっている。民上26の発出時点では、舂米以外の残稲二十束は延暦十一年の規定（B①）に拘束されるが、格の配列から考えれば、民上26は民上24で確定した論定利稲の自糙自進の規定に対する補足規定としての性格をも有するので、民上26は、年料舂米のみは直接舂成して輸させることにし、残稲は糙成して輸すことを規定した格である。

（小市和雄）

〔参考文献〕

井上辰雄『正税帳の研究』第四章　紀伊国正税帳をめぐる諸問題
佐藤宏一「舂米運京について」(『続日本紀研究』三―一一・一二)
櫛木謙周「律令制下における米の貢進について」(『続日本紀研究』二〇五)
櫛木謙周「八・九世紀における徭役労働の実態について」(『日本史研究』一八五)
東野治之「古代税制と荷札木簡」(『日本古代木簡の研究』)
松原弘宣「舂米収取と舂米作業」(『続日本紀研究』二四五)

252〔民上27〕応出挙郡稲伍万束事　弘仁二年二月十七日

『類聚三代格』巻十四　出挙事

太政官符

応出挙郡発稲五万束事

右得常陸国解偁、此国去京行程遥遠、貢調脚夫路粮絶乏、仍故守従四位上石川朝臣難波麻呂以去霊亀年中始置件稲、毎年出挙以利充粮、其用度者附帳言上、而去大同四年主税寮勘出、不被官符、輙以出挙、

望請、依旧出挙擬済飢乏、謹請官裁者、右大臣宣、奉　勅、依請、

弘仁二年二月十七日

○『日本後紀』弘仁二年二月壬午（十七日）条

勅、常陸国、去京遙遠、貢調脚夫、路粮多費、去霊亀年中、守従四位上石川朝臣難波麻呂、始置稲五万束、毎年出挙、以利充粮、名曰郡発稲、其用度者、載帳言上、而所司勘出、不聴出挙、宜令依旧、

○『類聚国史』巻八十三　政理五　正税　弘仁二年二月壬午（十七日）条

勅、常陸国去京遙遠、貢調脚夫、路粮多費、去霊亀年中、守従四位上石川朝臣難波麿始置稲五万束、毎年出挙、以利充糧、名曰郡発稲、其用度者、載帳言上、而所司勘出、不聴出挙、宜令依旧、

A　令の規定

賦役令3調庸物条

〔民上10〕A①参照

B　運脚の実情

①『続日本紀』和銅五年十月乙丑（二十九日）条

詔曰、諸国役夫及運脚者、還郷之日、粮食乏少、無由得達、宜割郡稲別貯便地、随役夫到、任令交易、又令行旅人、必齎銭為資、因息重担之労、亦知用銭之便、

②『続日本紀』養老四年三月己巳（十七日）条

（前略）又検養老二年六月四日案内云、庸調運脚者、量路程遠近、運物軽重、均出戸内脚奨資行人労費者、拠案、唯言運送庸調脚直、自余雑物送京、未有処分、但百姓運物入京、事了即令早還、為無帰国程粮、在路極難艱辛、望請、在京貯備官物、毎因公事送物還、准程給粮、庶免飢弊、早還本土、

③『続日本紀』神亀五年四月辛巳（十五日）条

太政官奏曰、美作国言、部内大庭真嶋二郡、一年之内所輸庸米八百六十余斛、山川峻遠、運輸大難、人馬並疲、損費極多、望請、輸米之重、換綿鉄之軽、又諸国司言、運調行程遙遠、百姓労弊極多、望請、外位位禄、割留入京之物、便給当土者、臣等商量、並依所請、伏聴天裁、奏可之、

④『続日本紀』神護景雲二年九月壬辰（二十二日）条

陸奥国言、（中略）又此地祁寒、積雪難消、僅入初夏、運調上道、梯山帆海、艱辛備至、季秋之月、乃還本郷、妨民之産、莫過於此、望請、所輸調庸、収置於国、十年一度、進納京庫、許之、

C　脚直稲

「秦太草啓」紙背文書（『大日本古文書』二五—二六二頁）

利四万七百卌九束四把 正税四万卌九束□□（四把） 脚直稲七百束

申官利七千三百卌八束

不申官利三万三千四百十一束四把

本利合一十七万五千六百卌七束四把

遺四万七千八百十七束八把

正税三万六千九百卌一束八把

大安寺稲六千束

薬師寺稲三千束

僧寺稲八百七十六束

尼寺稲一千束

古用留稲一千七百八十八束七把

僧寺稲八百六十八束八把

D

①『延喜式』　民部上（五六八頁）

凡調庸及中男作物、送京差正丁充運脚、余出脚直以資、脚夫預具所須之数、告知応出之人、依限検領、准程量宜、設置路次、起上道日、迄于納官、給一人日米二升、塩二勺、還日減半、剰者廻充来年所出物数、別簿申送、

②『類聚三代格』巻十二　正倉官舎事

太政官符

応附官舎帳救急院一区事

地三段　　屋三宇

三間板葺屋一宇　　草葺屋一宇

五間布施屋一字　　四面築垣

開田五十町 見開廿町 未開卅町

已上愛甲高座二郡

右得前相模介従五位下橘朝臣永範解偁、去承和十一年以俸料稲一万束、造立件院、開発空閑地納其

地子稲班給運進調庸百姓之尤窮幷貧不能自存者、自承和十一年至十四年総一千一百五十八人、因玆八箇郡司百姓等録民悦状毎年申官、非唯済公事、兼復救民急、脱不附官帳徒被棄置、望請、永載公帳以伝後代、但有破損之日割留地子之内以充修理料、謹請　官裁者、右大臣宣、奉　勅、依請、

承和十五年三月廿一日

〔解説〕

郡発稲の設置を規定した格。

令制においては貢調脚夫の路粮に公粮が支給されることはなく（A）、農民の大きな負担となっていた（B①②③④）。本格によれば、郡発稲は霊亀年中（霊亀三年正月から十一月の間〔水野論文〕）に設置され、その出挙利稲によって貢調脚夫の路粮が支給されることとなった。郡発稲は天平期の官稲混合からも除外されて存続したが、大同四年度の勘会によって停止された。この事情については明確にはわからないが、主税寮による文書行政強化策の一環として捉えることもできる（岡田論文）。その後、弘仁二年になって復活したが、延喜式にはみえない。

本格は、出挙関係の格の最後に付け加えられており、また、承和段階での相模国の貢調脚夫への給粮を規定した格（D②）の存在から考えて、常陸国のみに限定した規定であったと理解してよいであろう。なお、脚直稲（C）は、常陸国の郡発稲の史料と考えられている（水野論文）。

（小市和雄）

〔参考文献〕

水野柳太郎「大安寺の食封と出挙稲」(『続日本紀研究』二―一・七・一二)

村尾次郎『律令財政史の研究』第四章第一節　官稲の成立と展開

山里純一「律令制における運脚の路粮について」(『国史学』一〇五)

岡田利文「弘仁主税式勘税帳条の成立」(関晃先生還暦記念『日本古代史研究』所収)

253〔民上28〕勅　慶雲三年二月十六日

『類聚三代格』巻十四　義倉事

勅旨、准令、一位以下及百姓雑色人等、皆取戸粟以為義倉、是義倉之物、給養窮民、預為儲備、今取貧戸之物、還給乏家之人、於理不安、自今以後、取中々以上戸之粟、以為義倉、必給窮乏不得他用、若官人私犯一斗以上、即日解官、随贓決罰、

慶雲三年二月十六日

○『続日本紀』慶雲三年二月庚寅(十六日)条

准令、一位以下及百姓雑色人等、皆取戸粟以為義倉、是義倉之物、給養窮民、預為儲備、今取貧戸之

物、還給乏家之人、於理不安、自今以後、取中々以上戸之粟、以為義倉、必給窮乏不得他用、若官人私犯一斗以上、即日解官、随贓決罰、

○賦役令6義倉条集解古記所引慶雲三年二月十六日格

自今以後、取中々以上戸之粟、以為義倉、必給窮乏、若官人私犯一斗以上、即日解官、随贓決罰者、

254〔民上29〕応輸　天平宝字二年五月廿九日

『類聚三代格』巻十四　義倉事

太政官符

応諸国義倉依実令輸幷□給用法事

右諸国義倉輸少用多、甚乖格旨、仍検去慶雲三年格、自今以後、取中々已上戸之粟以為義倉、又案和銅八年格、諸国所輸義倉数少、儻年不熟何以救飢、自今以後、資財准銭卌貫以上為上々戸、廿五貫以上為上中、廿貫以上為上下、十五貫以上為中上、十貫以上為中々、今検諸国義倉、国勢略同、所輸懸隔、又至給用諸国不同、或以斗為差、或以升為法、窮民是一、賑給各殊、自今以後、依実令輸、其給用法者量貧

乏差以斗為基令得存済、

天平宝字二年五月廿九日

○賦役令6義倉条集解令釈所引天平宝字二年五月二十九日官符

諸国義倉、輸少用多、甚乖格旨、仍検慶雲三年格、自今以後、取中々已上戸粟、以為義倉、又案和銅八年格、諸国所輸義倉数少、儻年不熟、何以救飢、自今以後、資財准銭三十貫以上為上々戸、廿五貫以上為上中、廿貫以上為上下、十五貫以上為中上、十貫以上為中々、今検諸国義倉、国勢略同、所輸懸隔、又至給用、諸国不同、或以斗為差、或以升為法、窮民是一、賑給各殊、自今以後、依実令輸、其給用法者、量貧乏差、以斗為基、令得存済、

A 令の規定

①賦役令6義倉条

凡一位以下、及百姓雑色人等、皆取戸粟以為義倉、上々戸二石、上中戸一石六斗、上下戸一石二斗、中上戸一石、中々戸八斗、中下戸六斗、下上戸四斗、下中戸二斗、下々戸一斗、若稲二斗、大麦一斗五升、小麦二斗、大豆二斗、小豆一斗、各当粟一斗、皆与田租、同時収畢、

②神祇令20神戸条

凡神戸調庸及田租者、並充造神宮、及供神調度、其税者、一准義倉、皆国司検校、申送所司、

（参考1） 神祇令20神戸条義解

謂、租税者、並是田賦、唯新輸曰租、経貯曰税也、一准義倉者、不出挙也、

（参考2） 『類聚三代格』巻八 農桑事 和銅六年十月七日詔〔民中45〕

詔曰、国家隆泰、要在富民、々々之本務従貨食、故男勧耕耘、女修紝織、家有衣食之足、人生廉恥之心、刑錯之俗爰興、太平之風可致、凡諸吏民豈不勖歟、然今諸国百姓未尽産術、唯趁水沢之種不知陸田之利、或遭涝旱更無余穀、秋稼若罷多致饑饉、此乃非唯百姓懈懶忘業、固由国司不存教導、宜令百姓兼種麦禾、男夫一人二段、凡粟之為物支久不敗、於諸穀中、最是精好、宜以此状遍告天下、尽力耕種莫失時候、自余雑穀任力課之、若百姓輸粟転稲者聴之、

和銅六年十月七日

B 義倉と九等戸

①『続日本紀』大宝二年二月丙辰（十九日）条

〔民上19Ｃ①参照〕

②賦役令6義倉条集解古記所引和銅六年二月十九日格

和銅六年二月十九日格、其資財百貫以上為上々戸、六十貫以上為上中、四十貫以上為上下、廿貫以上為中上、十六貫以上為中々、十二貫以上為中下、八貫以上為下上、四貫以上為下中、二貫以上為下々戸也、

③『続日本紀』和銅六年二月壬子（十九日）条

〔民上9〕Ｃ①参照

④賦役令6義倉条集解古記所引和銅八年五月十九日格

和銅八年五月十九日格云、其資財准銭三十貫以上為上々、廿五貫以上為上中、廿貫以上為上下、十五貫以上為中上、十貫以上為中々、六貫以上為中下、三貫以上為下上、二貫以上為下中、一貫以上為下々也、又云、奴一口准直六百文、婢一口四百文、

⑤賦役令6義倉条集解古記所引霊亀三年十一月八日官符

霊亀三年十一月八日太政官符、九等戸奴婢価事、依長幼立平估、仍為正価、

⑥『続日本紀』養老元年十一月甲辰（八日）条

又九等戸以賤多少勿長、准財為定矣、

⑦天平二年越前国義倉帳（『大日本古文書』一―四二五頁）

稲穀肆佰柒拾斛参斗□□□□

天平二年見戸壱仟壱拾玖烟上上戸一、上中戸四、上下戸七、中上戸四、中中戸五、中下戸八、下上戸一十一、下中戸一十三、下下戸卌五、自余戸九百廿烟、不在輸粟之例

⑧天平二年安房国義倉帳（『大日本古文書』一―四二四頁）

陸人小子　弐拾人正女　弐人小女

右弐拾捌人賑給粟弐斛捌斗人別一斗

遺旧粟柒拾壱斛陸升伍合

新輸粟壱拾参斛参斗

都合粟捌拾肆斛参斗陸升伍合

見戸肆伯壱拾伍二戸中中、二戸中下、三戸下上、十二戸下中、六十九戸下下

右下下已上捌拾捌戸、見輸義倉粟

参伯弐拾柒戸、不在輸限

倉壱間

以前、義倉収納如件、仍具事状、付目大初位上忌部宿禰登理万里申上、謹解、

⑨賦役令6義倉条集解令釈所引宝亀五年格

宝亀五年格云、自今以後、用諸国義倉者、無官符、過当年輸数、賑給国者皆返却、唯雖云無符、不過年輸者勿返、

C　五位以上に対する義倉賦課

①『類聚三代格』巻十四　義倉事　大同四年四月三十日官符〔京職2〕

太政官符

応留不進義倉五位已上位禄封物事

右得左京職解偁、五位已上進義倉輩、或狎法不進、或僅進代物、因玆、未進多数、常煩解由、望請、留封禄懲将来者、右大臣宣、奉　勅、依請、右京職准此、其交名具録移送式部民部兵部、自今以後、永為恒例、

大同四年四月卅日

②『類聚三代格』巻十四　義倉事

太政官符

応割留不進義倉五位已上食封位禄事

右検案内、太政官去大同四年四月卅日下式部民部兵部等省符偁、左京職解偁、五位以上進義倉輩、或狎法不進、或僅進代物、因茲未進多数、常煩解由、望請、留封禄懲将来者、右大臣宣、奉　勅、依請、右京職准此、其交名依職司移者、今被大納言正三位兼行左近衛大将陸奥出羽按察使藤原朝臣冬嗣宣偁、奉　勅、封禄義倉其率懸隔、以少奪多、事乖寛恕、宜以其禄物、准輸穀数倍而割留、其所留物者、依当時沽価、

弘仁十一年閏正月廿一日

③『類聚三代格』巻十四　義倉事

太政官符

応勘納去年未進義倉料銭事

右得左京職解偁、案太政官去貞観六年五月三日符偁、得右京職解偁、検案内、件義倉自六月一日始輸之、其未進交名十一月移送三省、用帳即来年二月十五日進官、是則当年十一月京庫給位禄時之制也、頃年之例停給京庫、当年春在前給外国、因茲斉衡四年二月十三日宣旨偁、不進去年義倉返抄者、

不得給当年位禄、又天安元年三月二日宣旨偁、今年検納義倉未進者、是斉衡遠立永年之法、天安近下一時之宣、仍准斉衡宣旨、始従去年不曾許納、今習旧之輩愁吟彌深、非立新制何改前轍、望請、当年未進交名、来年三月一日移送三省、其用帳者同月十日進官、自今以後、立為恒例、謹請　官裁者、大納言正三位兼行民部卿太皇大后宮大夫伴宿禰善男宣、依請者、今依符旨三月一日録未進名簿移送三省、其後進義倉料却而不収、人成愁苦物致欠少、望請、准諸国調庸未進之例、随進勘納支其用度、謹請　官裁者、右大臣宣、依請、右京職亦准此例、

貞観九年四月廿日

④『類聚三代格』巻十四　義倉事

太政官符

応拘留不進義倉三位以上家司季禄事

右得左京職解偁、謹案去大同四年四月卅日格偁、五位已上不進義倉、宜留封禄懲将来、其交名移送式部民部兵部等省者、又弘仁十一年閏正月廿一日格偁、封禄義倉其率懸隔、以少奪多事乖寛恕、宜以其禄物准輸穀数、倍而割留者、又貞観九年四月廿日格偁、依太政官去貞観六年五月三日符、当年未進交名、来年三月一日移送三省、其後所進義倉却而不収、人成愁苦、物致欠少、宜准諸国調庸未

進之例、随進勘納之、又不進去年義倉返抄者不得給当年位禄者、自爾以降、未進交名更不移送、徒延年月、空待追納、而猶未進之輩毎年有数、勘納之吏常煩交替、望請、去年義倉、当年七月以前不進者、三位以上八月一日移式部省、令抑家司季禄、四位以下十月一日録名申官、全被留其位禄、若在前給禄者被拘後年料、謹請　官裁者、正三位行中納言兼民部卿藤原朝臣冬緒宣、奉　勅、三位以上依請、但四位以下依貞観九年四月廿日格行之、右京職亦復准此、

元慶五年六月九日

D　換算比率（雑穀相博）

①賦役令6義倉条集解令釈所引天平六年格

天平六年格云、以粟二斗相博稲三束、以大豆一斗当稲一束、小豆二斗当稲三束、

②賦役令6義倉条集解古記所引天平八年四月格

天平八年四月格云、取稲一斗、当粟一斗、雑穀輸家、任情聴之、

③『弘仁式』主税

凡雑穀相博、粟小豆各二斗当稲三束、大豆一斗当稲一束、自余如令、

E　式の規定

①『延喜式』主計下（六二五頁）

凡輸義倉穀者、一位五斛、二位四斛、三位三斛、四位二斛、内五位一斛、外五位五斗、上上戸二斛、上中戸一斛六斗、上下戸一斛二斗、中上戸一斛、中中戸八斗、其帳至寮即更造帳二通、一通申省、一通留寮、若有損去年返却其帳、若応賑給者、国司熟量貧乏、人別班給一斛已下一斗已上、惣所給用、不得過一年所輸数、若応過此数、即言上聴裁、

②『延喜式』主税上（六五五頁）

凡雑穀相博、粟小豆各二斗当稲三束、大豆一斗当稲束、自余如令、

③『延喜交替式』84

凡出挙息利十分之二者、准相博率収納雑穀、即出挙之時、依数返給、勿令有遺、雑穀相博、粟小豆各二斗当稲三束、大豆一斗当稲一束、大麦一斗五升、小麦二斗各当稲一束五把、……

〔解説〕

民上28と民上29は、義倉の賦課対象者について規定したもので、賦役令義倉条（A①）の改定という性格を

もつ格。

義倉は貧窮者の救済を目的とし、養老賦役令義倉条（A①）によってその規定がわかるが、民上28中の内容や、続日本紀大宝二年二月丙辰条（B①）に義倉の語が見えることから、この条文は、大宝令にすでに規定されていたと考えられる。令制では一位以下百姓雑色人に至るまでの戸を資財の多少によって上上戸から下下戸までの九等に分け、等級によって二石から一斗までの粟を田租徴収時に納めることになっていた。また、稲や大麦・小麦・大豆・小豆などで代輸することも認められ、その比率も規定されていた（代輸比率の変遷についてはD①〜③、E②③参照）。

民上28は下下戸まで負担させていた令制を改め、(1)中中戸以上の戸から義倉を納めさせ、(2)もし一斗以上の不正を行う官人があれば、即日免官とし、盗みの罪によって処断することを内容としたものである。

慶雲三年以後、和銅六年（B②③）と霊亀元年（B④）の二度にわたり九等戸の資財額が決められたが、多くは下下戸にも達しない等外戸であった（B⑦⑧）。天平二年の安房国義倉帳によれば、義倉を負担した戸の等級とその納入額は、令の規定通りであり、民上28は(1)の改定により天平二年までには再び令制に復帰していたことがわかる。

民上29はこのような実状に対して(1)和銅八年格による戸の等級区分に基づき（民上28は令制による区分）、(2)中中戸以上から義倉を納めさせることを確認した格である。

なお、延喜式には、民上28・29に見える中中戸以上から義倉を取るという規定は引き継がれ（E①）、さらに、大同四年以前のある時期から（C①）、五位以上の官人は位階に応じて輸納すると改められている。但し、大同四年・弘仁十一年・貞観九年・元慶五年と相次いで、五位以上の貴族が義倉を納めないので制裁の対象となっている（C①〜④）。

なお、民上29について弘仁格抄には「応輸」とのみあるが、類聚三代格には「応諸国義倉依実令輸并□給用法事」という事書きがある。弘仁格抄は略記或は書き忘れたものであろう（瀧川説）。

また、民上28については民上7参照。

（仁藤敦史）

〔参考文献〕

瀧川政次郎『律令時代の農民生活』第二章第十節
田名網宏『古代の税制』第四章
福田富貴夫「上代の義倉に就いて」（『歴史地理』六二―五）
下川逸雄「義倉について」（『歴史地理』八三―三）
時野谷滋「義倉帳と九等戸」（『弘前大国史研究』二）

255〔**民上30**〕 応給向京担夫食料事　　大同五年二月十七日

『類聚三代格』巻六　公粮事

太政官符

応給向京担夫食料事

右得尾張、美濃、因幡等国解偁、太政官去延暦廿二年二月廿日下五畿内七道諸国符偁、除調庸外、向京担夫粮食、准神亀元年格、用国儲充之者、国儲之用率国立数、充用之色触事繁多、謹案太政官去神護景雲二年二月廿日符、東海道巡察使従五位下式部大輔紀朝臣広名等解偁、舂米諸国百姓申云、運舂米者、元来差徭、人別給粮、而自天平勝宝八歳以来、徭分輸馬令運、只給牽丁之粮、窮弊百姓無馬可輸、望請、依旧運送、人別給粮者、官議申聞、奉　勅、依奏者、望請、依旧擬用正税、謹請裁者、今被右大臣宣偁、奉　勅、依請、諸国准此、其調庸之外、運物之粮且宜給之、

大同五年二月十七日

A　令の規定

田令2田租条

〔民上26〕A参照

（参考1）　田令2田租条義解

謂、輸租之家、均出脚力、送大炊寮、猶如運送調庸也、

（参考２） 田令２田租条集解古記

古記云、（中略）問、運丁雑徭免不、答、不免、己戸租舂進送故、如調庸均輸脚力運耳、唯依格公粮給、（後略）

Ｂ 調庸運脚を除く向京担夫への給粮

①『続日本紀』和銅六年三月壬午（十九日）条

又 詔、諸国之地、江山遐阻、負担之輩、久苦行役、具備資粮、闕納貢之恒数、減損重負、恐饉路之不少、宜各持一嚢銭、作当炉給、永省労費、往還得便、宜国郡司等、募豪富家、置米路側、任其売買、一年之内、売米一百斛以上者、以名奏聞、又売買田、以銭為価、若以他物為価、田并其物共為没官、或有糺告者、則給告人、売及買人並科違 勅罪、郡司不加検校、違十事以上、即解其任、九事以下量降考第、国司者式部監察、計違附考、或雖非用銭、而情願通商者聴之、

②『続日本紀』養老四年三月己巳（十七日）条

〔民上27〕Ｂ②参照

③『続日本紀』神亀元年三月甲申（二十五日）条

令七道諸国依国大小、割取税稲四万已上廿万束已下、毎年出挙、取其息利、以充朝集使在京及非時

差使、除運調庸外、向京担夫等粮料、語在格中、

④『続日本紀』神護景雲二年三月乙巳朔条

又同前言、運春米者、元来差徭、人別給粮、而今徭分輸馬、独給牽丁之粮、窮弊百姓無馬可輸、望請、依旧運人別給粮、

（参考1）賦役令37雑徭条集解古記

古記云、（中略）問、令条外、未知、外字之意、答、田令云、其春米運京者、賦役令云、調庸運脚、均出庸調之家者、（中略）以上諸条、皆此令条之内、不在雑徭之限、（後略）

（参考2）賦役令39斐陀国条集解古記

古記云、（中略）問、充雑役、免課役之色米免不、答、可免也、上匠丁年不輸故也、請辞日、運調庸春税之類不云也、但作新池堤及倉、他処路橋之類者、充雑徭、（後略）

C　国　儲

①『続日本紀』神亀元年三月甲申（二十五日）条

B③参照

②『続日本紀』天平六年正月庚辰（十八日）条

勅令諸国雑色官稲除駅起稲以外悉混合正税、

③『延暦交替式』33　天平十七年十一月二十七日官奏

〔民上13〕B①参照

④賦役令8封戸条集解令釈所引天平二十年格

釈云、（中略）天平廿年格云、運送封戸租米脚夫公粮者、准運官物之夫、以正税稲給粮、自今以後、
永為恒例、（後略）

⑤『延暦交替式』34　天平宝字元年十一（十カ）月十一日官宣

〔民上13〕D①参照

⑥『類聚国史』巻八十四　政理六　公廨　延暦十七年正月甲辰（二十三日）条

云々、停止公廨、一混正税、割正税利、置国儲及国司俸、又定書生及事力数、停公廨田、

⑦『類聚国史』巻八十四　政理六　公廨　延暦十九年九月丁酉（二日）条

諸国論定公廨、依旧出挙、

⑧『延暦交替式』38　延暦二十二年二月二十日官符

〔民上13〕C④参照

○『延喜交替式』107参照

D　式の規定

①『延喜式』民部下（五八五頁）

右廿二国各以正税舂運、白米送大炊寮、黒米送省及内蔵寮、其運送傜夫並給路粮、

②『延喜式』民部下（五八五頁）

右十八国各以租穀内舂収、随官符到進之、其精代運賃用正税、不聴妄為頴闕本也、

③『延喜式』民部下（五九四頁）

右以正税交易進、其運功食並用正税、但下野国砂金者、使傜夫採、食亦充正税、其太宰雑油卅石、中男作物若満此数者、更不交易、

〔解説〕

調庸運脚を除く向京担夫の粮料の財源を、公廨利稲から単独で割き取った国儲から正税に変更した格で、延

暦交替式38（C⑧）の改定でもある。

令では、運送の担夫は、調庸は庸調の家から均出するとあり（民上10Ａ①）、調庸以外では、春米が運京時期を示すものの（A）、全体に輸送方法、費用等は明示されていない。令意ではこれら雑物運脚も調庸と同じく自弁が原則であったと思われる。調庸以外の向京担夫に対する措置は、和銅六年に負担の輩救済のため富豪家に米を売買させ（B①）、養老四年に雑物担夫の帰国路粮を京に備えた官物から支給した（B②）。神亀元年には、諸国正税稲を割きその出挙利稲の一部を向京担夫の粮料にあてることにし（B③）、雑物運京担夫への粮料支給の制度が確立した。

この向京担夫に、春米運京担夫を含めて考えるか否かについては議論が分かれ、文字通り調庸を除く担夫のすべてに給粮されたとする見解の一方、古記で春米運京を調庸と同じく雑徭に含まれない力役としていることから（B④参考1）、春米運京担夫は、神亀元年の給粮では調庸運脚夫とともに支給対象から除かれていたとする見解がある。春米運京は神護景雲二年に元来徭を差し、人別に粮を給すと見え、神亀元年から天平勝宝八歳の間に雑徭と見なされ給粮されており（民上30・B④）、そうすると神亀元年で雑物運京担夫に含みこまれる形で春米運京担夫にも給粮されたとも考えられる。

神亀元年制では雑物運京担夫等の粮料の財源は正税の一部を出挙した利稲であり、これは公用稲の設置と見なされている。一方、延暦二十二年官符ではこれを国儲と称しており、両者の機能は同一視されるが、官稲混合によって公用稲の名称が消滅した（C②）後も公廨稲設置（C③）まで国儲が存続することから、国儲は論定稲として設置されたものではなく、出挙利稲からなる特定の財源と解され、公用稲とは区別される。国儲が停められた天平十七年以降、雑物運京担夫の粮料は原則として公廨稲から支給することになったと考えられるが、春米運京担夫については正税から粮料が支給され（C④）、担夫の性格によって相違があったらしい。その後延暦十七年に公廨稲が停止されたのに伴い（C⑥）、国儲の機能は正税からの支給に移るが、同十九年公廨稲の再置（C⑦）で公廨稲からの支給にもどったと思われる。そして同二十二年、公廨利稲を単独で割き取って国儲を置き、雑物運京担夫の粮食はここから支給した（C⑧）。

以上の変遷を経て、本格が出された。本格が出されたその背景には、公廨稲を国司俸給と見なす意識が国司側には存在していたこと、大同末～弘仁期にかけて国司による塡納に重点が置かれ、塡納責任を全うさせようとしたことなどが考えられよう。この点については民上13の解説を参照。なお、正税からの粮料支給の規定は、その後延喜式に継承された（D①②③）。

（大林實温）

〔参考文献〕

薗田香融「出挙」（『日本古代財政史の研究』）
長山泰孝『律令負担体系の研究』第四章
山里純一「律令制における運脚の路粮について」（『国史学』一〇五）
山里純一「公用稲と国儲」（『続日本紀研究』一九七）
小市和雄「春米運京の粮料と国儲」（『日本歴史』四〇三）

256〔民上31〕応聴新任国司借貸正税事　延暦廿五年三月廿四日

『類聚三代格』巻十四　借貸事

太政官符

応聴新任国司借貸正税事

右被右大臣宣偁、奉　令旨、新任之司初到任所、未給公廨、資用乏少、宜各准公廨四分之一借貸正税者、諸国承知依宣行之、但処分公廨之日、不論存亡、先塡所貸、縦未及得分有遷替者、塡納後任、若過限数依法科処、

延暦廿五年三月廿四日

○『日本後紀』大同元年三月戊子（二十四日）条

新任国司、准公廨四分之一、聴貸官稲、未及得分有遷代者、於後任塡納、

○『類聚国史』巻八十四　政理六　公廨　延暦二十五年三月戊子（二十四日）条

新任国司、准公廨四分之一、聴貸官稲、未及得分有遷代者、於後任塡納、

○『貞観交替式』20

応聴新任国司借貸正税事

右被右大臣宣偁、奉　勅令旨《(ママ)》、新任之司、初到任所、未給公廨、資用乏少、宜各准公廨四分之一、借貸正税者、諸国承知、依宣行之、但処分公廨之日、不論存亡、先塡所貸、縦未及得分、有遷替者、塡納後任、若過限数、依法科処、

延暦廿五年三月廿四日

A　令の規定

田令35外官新至条

〔民上32〕A③参照

B　国司借貸

①『続日本紀』天平六年正月丁丑（十五日）条

聴諸国司毎年貸官稲、大国十四万以下、上国十二万以下、中国十万以下、下国八万已下、如過茲数、

依法科罪、

②天平六年出雲国計会帳（『大日本古文書』一―五八七・五九一頁）

二月

八日移太政官下符弐道 一官稲混合状 一国司等貸状

（中略）

三月

（三）同日移太政官下符弐道 一官稲混合状 一国司等貸状

③『延暦交替式』17

太政官符、国司借貸大税事、得正三位行民部卿藤原朝臣房前等解偁、案律令、無国司負官稲身死亡放免之文、由此准量、不合放免、謹請官裁者、官議、律云、監臨主守以官物私自貸、若貸人、所貸之人不能備償者、徴判署之官者、不論存亡、直云徴判署之官、請貸人雖死猶徴判署、仍録奏聞、伏聴 勅裁、謹以申聞者、奉 勅、依奏者、省宜承知、准状施行、自今以後、永為恒例、

天平八年十一月十一日

④a和泉監正税帳 天平九年度（『大日本古文書』二―七五・八〇・八四頁）

（首部）

借貸参仟伍伯参拾肆束

（大鳥郡）

天平四年前監所給借貸未納伍伯陸拾陸束伍把故正田辺史首名二百廿束五把 主政土師宿禰広浜三百卌六束

（和泉郡）

天平四年未納弐仟壱伯弐拾玖束借貸者

b伊予国正税帳　天平八年度（『大日本古文書』二―六・七頁）

（越智郡ヵ）

借貸壱万束

（野間郡ヵ）

借貸壱万束

c豊後国正税帳　天平九年度（『大日本古文書』二―四四・五〇・五一頁）

（球珠郡）

国司借貸肆仟伍伯束

（直入郡）

国司借貸肆仟束

　穎禾弐仟伍伯玖拾陸束

　　穎稲壱仟肆伯肆束

（某郡）

国司借貸柒仟伍佰（ママ）束

d薩摩国正税帳　天平八年度（『大日本古文書』二―一六頁）

（高城郡）

国司借貸肆仟玖伯束

⑤『貞観交替式』19

停止諸国司借貸官稲事

右借貸諸国司等、自今已後停止、其以天平六年正月廿一日太政官下諸国借貸正符、附便使速進上之、

　天平十年三月九日

⑥『類聚国史』巻八十四　政理六　公廨　延暦十七年正月甲辰（二十三日）条

〔民上30〕C⑥参照

⑦『類聚国史』巻八十四　政理六　借貸　延暦十七年六月乙酉（七日）条

勅、国司借貸官稲、先已禁断、至有違犯、法亦不容、今聞、自停職田、只待食料、非有借貸、更無資粮、宜令一年之料三分之一、准其差法、且借且補、

⑧『日本紀略』延暦十九年八月丁亥（二十一日）条

依旧更置国司公廨田、

⑨『類聚国史』巻八十四　政理六　公廨　延暦十九年九月丁酉（二日）条

〔民上30〕C⑦参照

⑩『延暦交替式』38　延暦二十二年二月二十日官符

〔民上13〕C④参照

⑪『類聚三代格』巻六　公粮事　大同三年六月六日官符

〔民上32〕参照

C　式の規定

①『延喜交替式』104

凡新任国司、各准公廨四分之一、借貸正税、但処分公廨之日、不論存亡、先塡所貸、縦未及得分、有遷替者、後任塡納、若過限数、依法科処、

②『延喜式』主税下（六七二頁）

（前略）

借貸若干束返納本倉

新任国司四分之一料若干束

某官位姓名若干束

書生料若干束

（後略）

〔解説〕

新任国司に対して公廨稲処分の日まで公廨稲額の四分の一に準ずる正税の借貸を認めた格。

借貸は利息をとる貸借である出挙に対して無利息の貸借を意味するが、百姓への借貸が窮民救済を主目的とするのに比べ、国司借貸は、借貸した官物を出挙してその利稲を国司の収入とする点に相違がある。

国司借貸は、天平六年に制度化され、国の等級に応じた限度額が決められており（B①）、その際、借貸正符なるものが下されていた（B⑤）。また、国司が死亡した場合には、その負稲は判署の官による弁済が規定された（B③）。しかしこの制度は天平十年に至って停止されている（B⑤）。この天平期の国司借貸制については国司優遇策ととらえる見解が一般的であり、その財政史上の位置付けをめぐって、続日本紀天平六年正月十五日条（B①）から三日後の官稲混合令（民上30C②）によって出挙の総体が拡大し、その運営が散漫となることを国司借貸による得分の保障で充実・強化させようとしたと解される。しかし一方で、天平期の正税帳に見える国司借貸額（B④）が、天平六年の国別限度額よりはるかに下まわると推定されることから、単純に国司優遇策と見なせるかという疑問もある。いずれにしろ、国司への経済的特典という視点から、後の天平十七年に設置された公廨稲の機能との関連をどう理解するかが課題として出されている。国司の得分の点で公廨稲制と借貸制が表裏一体の関係となるのは後述のように延暦期以降であり、設置当初の公廨稲には国司給与としての性格は薄く、あくまで官物欠負未納の補塡に主眼があったと考えられる。

延暦期にはいって、公廨稲および公廨田が一時停止された（B⑥）のに伴い、国司借貸は復活するが（B⑦）、まもなくふたたび停止されたらしい。その時期は不明であるが、国司借貸が食料よりも資粮（B⑦）に主眼があったとするならば、公廨稲の復活（B⑨）に伴って停止されたと考えられる。そして、延暦二十二年には、前後司間の公廨稲処分について、七月以後遷替ならば前後司折半、六月以前遷替ならば後人全入とする官符が出された（B⑩）。本格は前後司間の公廨稲処分の決定を受けた結果、公廨稲を得るまでの資用のため、新任国司に例外的に借貸することを認めたものであって、支給対象が新任国司である点から、天平期の国司借貸とはその設置意義が異なる。したがって本格は公廨稲処分法の補足規定といえる。

なお、前後司間の公廨稲処分の方法は弘仁十年に改められた。そしてそれが、民上13として弘仁格に収められるが、その場合にも、公廨稲利稲収納までの空白期間があるため、新任国司の借貸そのものに改変は加えられず、弘仁格に規定された。本格は、貞観交替式にも規定され、さらに、延喜交替式104に継承された（C①）。また、延喜式にも継承された（C②）。

（大林實温）

〔参考文献〕

岸俊男「郷里制廃止の前後」（『日本古代政治史研究』）
薗田香融「出挙」（『日本古代財政史の研究』）
山里純一「官稲混合に関する一考察」（『日本歴史』三七七）
小池栄一「解説・和泉監正税帳」（『復元天平諸国正税帳』所収）

257〔民上32〕停止給新任国司等公粮事　大同三年六月六日

『類聚三代格』巻六　公粮事

太政官符

停止給新任国司等公粮事

右西海道観察使大宰帥従三位藤原朝臣縄主奏偁、准延暦廿五年三月廿四日令旨、新任国司初到任所、未給公廨、資用乏少、宜各准公廨四分之一借貸正税者、然則新任之用、以此足矣、而依旧給粮、於事重畳、望請、当道公粮永従停止者、右大臣宣、奉 勅、依請、自余諸道亦宜准此、

大同三年六月六日

○田令35外官新至条集解朱記所引大同三年六月六日格

大同三年六月六日格云、停止給新任国司等公粮事、右西海道観察使大宰帥従三位藤原朝臣縄主奏偁、准延暦廿五年三月廿四日令旨、新任国司初到任所、未給公廨、資用乏少、宜各准公廨四分之一、借貸正税者、然則新任之用、以此足矣、而依旧給粮、於事重畳、望請、当道公粮、永従停止者、右大臣宣、奉勅依請、自余諸道亦宜准此、

A　令の規定

①田令31在外諸司職分田条

凡在外諸司職分田、(中略)大国守二町六段、上国守、大国介二町二段、中国守、上国介二町、下国守、大上国掾、一町六段、中国掾大上国目一町二段、中下国目一町、史生如前、

②田令34在外諸司条

凡在外諸司職分田、交代以前種者、入前人、若前人自耕未種、後人酬其功直、闕官田用公力営種、所有当年苗子、新人至日、依数給付、

（参考）田令34在外諸司条集解古記

古記云、依法給之、謂史生田六段、応得稲三百斤、造米十五斛、計一年三百六十日、即一日料米四升六分之一充此、是依法給之、但充外余者、成官物及公廨等物耳、（後略）

③田令35外官新至条

凡外官新至任者、比及秋収、依式給粮、

（参考1）田令35外官新至条義解

謂、秋前至任、年実未収、故比及秋収、量給公粮、仮如、中国守職田二町、准稲当一千束、新任守六月到任者、准計年内所残六月、即給稲五百束之類也、

（参考2）田令35外官新至条集解令釈

釈云、（中略）前令云、比及秋収、量給公粮者、仍准量如右、其疏曰、准量公廨田之町段多少、計折到任日月耳、仮有、中国守、料田二町、准稲当千束、新任国守六月至任者、准計年内所残六月、即

給稲五百束之類、（後略）

（参考3） 田令35外官新至条集解古記

古記云、量給公粮、謂上条一種依法量給耳、

④『唐令拾遺』田令

諸職分陸田限三月三十日、稲田限四月三十日、以前上者、並入後人、以後上者入前人、其麦田以九月三十日為限、若前人自耕未種、後人酬其功直、已自種者、准租分法、其価六斗以下者、依旧定、以上者、不得過六斗、並取情願、不得抑配、

B 新任国司に対する給粮

①田令35外官新至条集解令釈所引和銅五年五月十六日格

和銅五年五月十六日格云、国司巡行部内、将従次官以上三人、判官以下二人、史生一人、並食公廨日米二升、酒一升、史生酒八合、将従一人、米一升五合、

②a田令34在外諸司条集解令釈所引養老八年正月二十二日格

養老八年正月廿二日格云、凡新任外官、五月一日以後至任者、職分田入前人、其新人給粮限来年八月卅日、若四月卅日已前者、田入後人、功酬前人、即粮料限当年八月卅日、

b『延暦交替式』40

民部省例、新任外官、五月一日以後至任者、職分田入前人、其新人給粮、限来年八月卅日、若四月卅日已前者、田入後人、功酬前人、即粮料限当年八月卅日、

③a越前国郡稲帳　天平四年度（『大日本古文書』一―四六一頁）

起九
月廿九日至十二月卅日合玖拾箇日食料稲弐伯伍拾弐束日別三束八把　大野郡

b薩摩国正税帳　天平八年度（『大日本古文書』二―一五頁）

新任国司史生正八位上勲十二等韓柔受郎従一人并二人
起七月廿七日尽十月廿九日合玖拾弐日単壱伯
捌拾肆人食稲柒拾参束壱把自七月廿七日至八月廿九日合卅三日依国司部内巡行食法日別充七把九月十月并二箇月依公解食法月別充廿五束　酒弐斗陸升肆合

c但馬国正税帳　天平九年度（『大日本古文書』二―六二頁）

新任国司壱人比及秋収給食料稲参
佰（ママ）壱拾参束陸把

d駿河国正税帳　天平九年度（『大日本古文書』二―六七頁）

雑任国司目正八位下川原田宿禰忍国始十月壱日迄十二月

参拾日合捌拾玖日食稲伯弐拾肆束陸把日別一束四把

去年任国司史生従八位下岸田朝臣継手始正月壱日迄

七月弐拾玖日合弐伯陸日食稲伯陸拾肆束捌把日別八把

○尾張国正税帳　天平六年度（『大日本古文書』一―六〇八頁）参照

○和泉監正税帳　天平九年度（『大日本古文書』二―九〇頁）参照

○駿河国正税帳　天平十年度（『大日本古文書』二―一一六頁）参照

○周防国正税帳　天平十年度（『大日本古文書』二―一三八頁）参照

④田令35外官新至条集解令釈所引宝亀三年六月二十日格

宝亀三年六月廿日格云、充新任国司公廨、宜停巡行之法、依公廨賜之、自今以後、永為恒例、

⑤『日本後紀』延暦十六年三月甲午（八日）条

勅、畿内国司新至任者、皆限八月卅日、依式給粮、今停職田、割租為料、収租之後、須得其分、宜

改旧例、限十一月卅日、

C　公廨田と国司借貸

〔民上31〕参照

D　式の規定

①『弘仁式』主税

凡志摩国新任国司給食十日、余国不在此限、

②『延喜式』主税上（六六一頁）

凡志摩国新任国司給食十日、余国不在此限、

（参考）『延喜式』民部上（五七六頁）

凡志摩国司、不充事力、其職田五町、以伊勢国田給之、

③『延喜交替式』124

凡新任外官、五月一日以後至任者、職分田入前人、若四月卅日已前者、田入後人、功酬前人、謂、前人自耕未種、後人酬其功直、

〔解説〕

民上31によって新任国司の借貸が認められたことを受け、養老田令外官新至条にもとづく給粮を停止した格。国司に対する経済的得分の一つである職分田（公廨田）は、大宝令で(a)職階に応じて所有額が（A①）、(b)交替の際の処分方法が（A②）、(c)職分田処分の結果収入を得られない国司に対して収穫時までの給粮が（A③）規定されている。そのうち、(a)についての変更は見えないが、(b)(c)は養老八年、おそらく唐令にもとづき、職分田処分の方法を播種から四月三十日に改め、新任国司の給粮期限を八月三十日までと定めた（B②a・b）。ただし、天平九・十年度駿河国正税帳では給粮期限がそれぞれ七月末日、閏七月末日となっている（B③）。また畿内新任国司への給粮は延暦十六年に十一月末日まで延長された（B⑤）。

ところで、新任国司への給粮方法をめぐっては二つの食法が知られている。一つは、令集解諸説や正税帳の大部分に見られるもので、職分田額に応じた穫稲量を日割ないし月割で支給する方法、いわゆる公廨食法である（A②参考、A③参考1・2・3、B③）。いま一つは、国司部内巡行の支給額（B①）に準拠する方法、いわゆる巡行食法である（B③）。両者の整合性については榎氏をはじめ、薗田氏、川島氏らによって考察が加えられており、詳細は省くが、大すじにおいては、大宝令下では公廨食法、養老令下では巡行食法であったとされている。ただこの点に関しては、まだ議論の余地があるように思われ、食法を変更する根拠を律令財政全体から裏付ける課題が残されている。

宝亀三年格（B④）以降、新任国司への給粮は、公廨食法によって行われたが、延暦二十五年、新任国司に対する公廨稲四分の一の借貸が認められたことにより（C）、借貸と給粮による二重の経済的保障がなされることになったため、大同三年、本格によって給粮を停止し、新任国司借貸制に一本化するようになった。この規定は弘仁式さらに延喜式に志摩国を例外として受けつがれた。また延喜交替式は、延暦交替式（B②b）の職分田処分方法を継承しているが、新人に対する給粮規定は削除しており（D③）、本格がこの段階でも有効であったことがわかる。

（大林實温）

〔参考文献〕

早川庄八「田令在外諸司条と外官新至条」（『古事類苑月報』一四）
高橋崇『律令官人給与制の研究』第三章
榎英一「外官職分田制の二、三の問題」（『日本史論叢』四）
薗田香融「郡稲の起源」（岸俊男教授退官記念会編『日本政治社会史研究』中、所収）
薗田香融「田令外官新至条について」（『東西学術研究所所報』四〇）
川島晃「別式について」（『研究と資料』二）

258〔**民上33**〕　一　応春按察使幷国司鎮官年粮事応加給担夫運粮賃乗事　同（大同）五年五月十一日

『類聚三代格』巻六　公粮事

太政官符

一応春運按察使并国司鎮官年粮事

右得東山道観察使正四位下兼行陸奥出羽按察使藤原朝臣緒嗣解偁、陸奥国、元来国司鎮官等各以公廨作差、令春米四千余斛雇人運送、以充年粮、雖因循年久、於法無拠、然辺要之事頗異中国、何者刈田以北近郡稲支軍粮、信夫以南遠郡稲給公廨、計其行程、於国府二三百里、於城柵七八百里、事力之力不可春運、若勘当停止、必致飢餓、請給春運功為例行之者、依請、

一応加給担夫運粮賃乗事

右同前解偁、太政官去大同元年十月十八日符偁、陸奥出羽按察使起請偁、計陸路程、給運粮賃、而国司等候海晏隙、時用船漕、儻有漂損、国司塡償、得平達者、賃料頗遺、若事覚被勘問者、恐致罪於遺賃、望請、不勘遺賃勿免浮損者、右大臣宣、奉 勅、依請者、而今国内百姓、皆疲運粮、請補彼年中漂損之外、所遺賃乗加給担夫、以済窮弊者、依請、

以前被右大臣宣偁、奉 勅、如右、

大同五年五月十一日

○『類聚国史』巻八十四 政理六 公廨 大同五年五月壬子（十三日）条

東山道観察使正四位下兼陸奥出羽按察使藤原朝臣緒嗣言云々、又陸奥国、元来国司鎮官等各以公廨作

差、令春米四千余斛、雇人運送、以充年粮、雖因循年久於法無拠、但辺要之事頗異中国、何者苅田以北近郡稲支軍粮、信夫以南遠郡稲給公廨、其去国府二三百里、於城柵七八百里、事力之力不可春運、若勘当停止、必致飢餓、請給春運功、為例行之、並許之、

B　陸奥国の公廨

①『類聚国史』巻八十四　政理六　公廨　大同四年六月丙申（二十二日）条

勅、観察使兼帯外任、暫停食封、代以公廨、而陸奥国官多料少、宜按察使公廨給便近之国、

②『類聚国史』巻八十四　政理六　公廨　大同五年五月辛亥（十二日）条

東山道観察使正四位下兼陸奥出羽按察使藤原朝臣緒嗣言云々、国以民為本、民以食為命、而鎮兵三千八百人、一年粮料五十余万束、因此百姓廩弊、倉廩空虚、如無蓄積、何防非常、加以往年毎有征伐、必仰軍粮於坂東国、伏請以坂東官稲充陸奥公廨、以陸奥公廨留収官庫、然則公私得所、実愜便宜、並許之、

③『類聚国史』巻八十四　政理六　公廨　弘仁四年九月丙子（二十七日）条

勅、辺要之地、外寇是防、不虞之儲、以粮為重、今大軍頻出、儲粮悉罄、遺寇猶在、非常難測、若

無物無貯蓄、如機急何、宜陸奥出羽両国公廨混合正税、毎年相換給於信濃越後二国、但年穀不登、無物混税、并有不可得公廨之人、合随状移送、依実相換、停止之事宜待後勅、

④『類聚国史』巻八十四　政理六　公廨　天長八年五月庚申（二十三日）条

加挙陸奥国公廨稲一十三万束、優辺吏也、

⑤『類聚三代格』巻六　公廨事　承和十一年九月八日官符

〔民上22〕B⑨参照

⑥『類聚三代格』巻六　公廨事

太政官符

応国司兼両国其公廨従多処給事

右撰格所起請偁、天長元年六月廿日正三位行中納言兼右近衛大将春宮大夫陸奥出羽按察使良峯朝臣安世奏状偁、令一良守兼帯数国、其公廨者摂国之中択懸阜、以二守分給者、今案禄令、一人帯数官者、禄従多処給、又式部式云、一人帯数官、若高官上日不足、而卑官上日満限者、禄従多給者、拠此見之、一身帯数官猶従一官給、而或国宰兼二国同費其俸、論之法式、甚乖公平、伏望、停食両処公廨、一従多処給、其不給公廨、混合正税、至有損之年、不必拘多処、但陸奥国守兼任中国者、特

優其身不在此限者、中納言兼左近衛大将従三位藤原朝臣基経宣、奉　勅、依請、

貞観十年六月廿八日

⑦『類聚三代格』巻六　公粮事

太政官符

応在前春送国司鎮官年粮事

右得陸奥国解偁、検去大同五年五月十一日格、此国元来国司鎮官等、各以公廨作差、令春米四千余斛、雇人運送以充年粮者、因循是格、承前国司、当年収納之時、予留出挙稲、令春公廨半分、至時充用、行来為例、今商量事意、在前春用官稲、曾無所拠、若停而不春送、遠郷之吏無隣乞貸、望請、減省往年之数、在前令春五分之一、然則吏無飢餓之苦、民少春運之煩、謹請　官裁者、右大臣宣、奉　勅、依請、

貞観十五年十二月廿日

C　海　運

①『続日本紀』霊亀元年五月甲午（十四日）条

詔曰、（中略）又海路漕庸、輙委惷民、或已漂失、或多湿損、是由国司不順先制之所致也、自今以後、不悛改者、節級科罪、所損之物、即徴国司、

②『続日本紀』天平勝宝八歳十月丁亥（七日）条
太政官処分、山陽南海諸国舂米、自今以後、取海路遭送、若有漂損、依天平八年五月符、以五分論、三分徴綱、二分徴運夫、但美作、紀伊二国不在此限、

D　式の規定

①『弘仁式』主税
陸奥国、正税六十万三千束、公廨六十万八千二百束、国司料五十一万一千二百束、鎮官料九万七千束、（後略）

②『弘仁式』主税
〔民上13〕D②参照

③『弘仁式』主税
凡陸奥国司鎮官幷出羽国司公廨利稲、割収当国以儲軍粮、其代以他国正税給之、其国及稲数臨時処分、

④『弘仁式』主税

〔民上34〕B②参照

⑤『延喜式』主税上（六四七頁）

陸奥国正税六十万三千束、公廨八十万三千七百十五束、国司料六十四万一千二百束、鎮官料十六万二千五百十五束、（後略）

⑥『延喜式』主税上（六五三頁）

〔民上13〕D②参照

⑦『延喜式』主税上（六五三頁）

凡鎮守府公廨、給当国并相模国、

⑧『延喜式』主税上（六五四頁）

〔民上34〕E③参照

〔解説〕

陸奥国の公粮支給並びに輸送に関し、前半は按察使・国司・鎮官の公廨を舂米とし、運送させること、そのために功賃を支給することにした格、後半は陸路を規準に算出した運粮賃と海路をとった場合の運粮賃との差額を担夫に加給することにした格。これらは、もとは藤原緒嗣の建議による征夷中止後の、陸奥出羽両国の国衙財政再建の一環として下された官符であった。

前半部分は、類聚国史にも該当する記事が見えるが、類聚三代格と日付の相違があり（それぞれ十三日、十一日）、さらに、この格の「信夫以南遠郡稲給公廨」と十二日の日付をもつ、類聚国史（B②）の「以坂東官稲充陸奥公廨、以陸奥公廨留収官庫」を整合的に理解することはむずかしい。しかし、後の弘仁式では、陸奥国司等の公廨利稲は他国正税から支給するとあり（D②）、弘仁格と弘仁式が矛盾しないと考えると、弘仁格において、陸奥国の官稲の用途を地域によって二分したことは、編纂時には有効でなく、あくまで功賃の支給を前提に舂米化及びその運送を行うことに意味があると考えられる。したがって、新訂増補国史大系本類聚三代格の事書のように、運の文字を補う必要はなく、弘仁格抄と同じと考えてよいと思われる。また、弘仁格と弘仁式との関係を見ると、式には、正税・公廨の稲数（D①）、及び公廨利稲の運用と国衙官人の年粮の財源に関する規定が見える（D③）。一方格には、陸奥の公粮についての基本的方針を記したものは特になく、この点、式にゆだねた可能性がある。

後半部分は関連史料が乏しく、何をどこに運送するのかをはじめとして、その前後の経緯が明確でない。ただ、運送の際の粮賃支給そのものは認めた上での規定となっており、前半部分に比べると対象は限定された。弘仁格抄を見ると、その事書は後半部分を付加した形になっており、このような例は他には見られないが、類聚三代格では並記されており、さらに、弘仁格抄の影写本をみると、書き漏らしたものを補ったことは明らかである。

最後に、格の配列から考えると、本格は民上30以降の正税運用諸規定の一部に分類でき、なかでも民上32に連続していることから、国司等に対する舂米の支給に重点があって、その手段として功賃支給を規定したと考えることができ、民上30の向京担夫への食料支給とは直接対応するものではないと思われる。　（大林實温）

〔参考文献〕
平川南「陸奥・出羽官衙財政について」(『歴史』四八)
杉山宏「古代海上輸送に於ける運送賃の変遷について」(『海事史研究』一五)
栄原永遠男「海路と舟運」(『古代の地方史』二、所収)

259〔民上34〕勅　　天平宝字四年八月七日

『類聚三代格』巻六　公廨事

勅

対馬多褹二嶋等司、身居辺要、稍苦飢寒、挙乏官稲、曾不得利、宜割大宰所部諸国地子各給、守一万束、掾七千五百束、目五千束、史生二千五百束、其大隅薩摩壱岐別有公廨、不給地子、

天平宝字四年八月七日

○『続日本紀』天平宝字四年八月甲子(七日)条

又勅、大隅、薩摩、壱岐、対馬、多褹等司、身居辺要、稍苦飢寒、挙乏官稲、曾不得利、欲運私

物、路険難通、於理商量、良須矜愍、宜割大宰所管諸国地子各給、守一万束、掾七千五百束、目五千束、史生二千五百束、以資遠戍、稍慰羈情、

A　令の規定

田令11公田条

凡諸国公田、皆国司随郷土估価賃租、其価送太政官、以充雑用、

B　大宰所部諸国の地子

①『続日本紀』天平宝字二年五月丙戌（十六日）条

大宰府言、（中略）其諸国地子稲者、一依先符、任為公廨、以充府中雑事、

②『弘仁式』主税

凡五畿内伊賀等国地子混合正税、其陸奥充儲糒幷鎮兵粮、出羽狄禄、大宰所管諸国充対馬多褹二嶋公廨、余国交易軽貨送太政官、但随近及縁海国舂米運漕、其功賃便用数内、

C 大隅・薩摩・壱岐・対馬・多褹の財政

①『続日本紀』天平四年五月乙丑（二十四日）条

対馬嶋司、例給年粮、秩満之日、頓停常粮、比還本貫、食粮交絶、又薩摩国司停止季禄、衣服乏少、並依請給之、

②『続日本紀』天平十四年八月丁酉（二十五日）条

制、大隅、薩摩、壱岐、対馬、多褹等国官人禄者、令筑前国司以廃府物給、公廨又以便国稲依常給之、（後略）

③『延暦交替式』33　天平十七年十一月二十七日官奏

〔民上13〕B①参照

④『続日本紀』宝亀三年十二月己未（十三日）条

大宰府言、壱岐嶋掾従六位上々村主墨縄等、送年糧於対馬嶋、急遭逆風、船破人没、所載之穀、随復漂失、謹検天平宝字四年格、漂失之物、以部領使公廨塡備、而墨縄等款云、漕送之期不違常例、但風波之災、非力能制、船破人没足為明証、府量所申、実難黙止、望請、自今以後、評定虚実徴免、許之、

⑤『弘仁式』　主税

大隅国、正税公廨各六万束、

薩摩国、正税公廨各六万束、

壱岐国、正税一万五千束、公廨五万束、

対馬嶋、正税三千九百廿束、

多褹嶋、正税二千八十束、

⑥『弘仁式』　主税

凡筑前、筑後、肥前、肥後、豊前、豊後等国、毎年穀二千石、遭送対馬嶋、以充嶋司及防人等粮、

其部領粮、船賃、挟杪、水手功粮、幷用正税、

○『日本三代実録』貞観十八年三月九日丁亥条、同元慶三年十月四日庚申条参照

D　多褹嶋の大隅国への併合

『類聚三代格』巻五　分置諸国事

太政官謹奏

停多褹嶋隷大隅国事（中略）

天長元年九月三日

E　式の規定

①『延喜交替式』103

凡対馬嶋司公廨、割大宰所部諸国地子給、守一万束、掾七千五百束、目五千束、史生二千五百束、

②『延喜式』　主税上（六五二頁）

大隅国正税八万六千卌束、公廨八万五千束、国分寺料二万束、文殊会料一千束、修理池溝料二万束、救急料三万束、

薩摩国正税、公廨各八万五千束、国分寺料二万束、同寺十一面観世音菩薩燈分料一千五百束、文殊会料一千束、修理官舎料二万束、救急料三万束、

壱岐嶋正税一万五千束、公廨五万束、修理池溝料五千束、救急料二万束、

対馬嶋正税三千九百廿束、

③『延喜式』　主税上（六五四頁）

凡五畿内伊賀等国地子、混合正税、其陸奥充儲糒幷鎮兵粮、出羽狄禄、太宰所管諸国、充対馬嶋司

公廨之外、交易軽貨、送太政官厨、自余諸国交易送亦同、但随近及縁海国、舂米運漕、其功賃便用数内、

〔解説〕

大宰所部諸国の地子をさいて対馬・多褹二嶋の嶋司に給うことを定めた格。令の規定によれば、諸国の地子は太政官に送られることになっているが（A）、大宰所部諸国の場合は、地子は公廨として府中雑事に充てるよう定められており（B①）、本格は、そのうちの具体的な使途を規定するものである。

続日本紀天平宝字四年八月甲子条であげられている大隅・薩摩・壱岐・対馬・多褹などの二国三嶋は、大宰府管内における辺要の国嶋であり、財政的にも年粮・禄・公廨など他の諸国と異なる扱いをうけた（C①～⑥）。従って本格の措置は、特に財政的規模の小さいこれら国嶋の国司・嶋司に対して、その公廨を保障することを目的とした施策であると考えられる。

ただし続日本紀の記事では、二国三嶋をその対象とするのに対し、類聚三代格の勅では、別に公廨ありとの理由で、大隅・薩摩・壱岐を除き、対馬・多褹二嶋のみを対象とする内容となっており、弘仁式にみえる関連規定においても対馬・多褹二嶋のみがあげられている（B②）。天平十七年の官奏（C③）によれば、大隅・薩摩・壱岐も公廨稲を設置する諸国としてあげられている。しかし、一般諸国のそれに較べて出挙の額が極めて少く、また官奏中の文言にも「若有正税数少、及民不肯挙者、不必満限」とあることや、前述した二国三嶋の

財政事情を考慮すれば、原勅は続日本紀が伝えるように二国三嶋を対象とするものであったとするのが妥当であろう。そして、天平宝字四年以降いずれかの時点かは明瞭ではないが、大隅・薩摩・壱岐がその対象からはずれ、それに合わせて弘仁格編纂時に原勅の字句の改変が行われた可能性が強い。

さらにまた、天長元年に多褹が大隅に併合されるにともない(D)、本格の規定は、以後、対馬のみに適用されることとなった(E①③)。

(傳田伊史)

〔参考文献〕

薗田香融「出挙」(『日本古代財政史の研究』)

平野邦雄「大宰府の徴税機構」(竹内理三博士還暦記念会編『律令国家と貴族社会』所収)

山里純一「大宰府財政をめぐる諸問題」(『国史学』一一五)

佐々木恵介「大宰府の管内支配変質に関する試論」(土田直鎮先生還暦記念会編『奈良平安時代史論集』下、所収)

倉住靖彦『古代の大宰府』

吉田孝「墾田永年私財法の基礎的研究」(『律令国家と古代の社会』)

260〔民上35〕 応給府使部書生等借貸稲事　　大同二年正月十三日

太政官符

応給府使部書生等借貸稲事

右得大宰府解偁、検例帳偁、直府使部二百人散仕一百人、四月上旬使部九十許人書生十許人、量其官仕、分為三等、以正税稲給借貸、人別五百束以下、百束已上者、府准例給之其来尚矣、今加覆審借貸官物、非法所聴、覚挙停止、但件使部書生等不顧産業遠直府下、頒賜借貸済其家途、雖然務劇賞薄、進少退多、今依法意已従停止、人望已絶、物情難勧、望請、依旧貸賜者、右大臣宣、奉　勅、依請、

大同二年正月十三日

B　大宰府の使部・書生

①『類聚三代格』巻五　加減諸国官員幷廃置事　延暦十六年四月十三日官符〔式下3〕

太政官符

応選白丁補大宰府使部事

右検案内、太政官去宝亀四年八月十六日符偁、大宰府使部、自今以後、宜取外散位補之、若有不堪駈使者、選用白丁不得過廿人者、今被大納言従三位神王宣偁、奉　勅、宜改前員定卌人、

延暦十六年四月十三日

②『類聚三代格』巻六　公粮事　大同四年正月二十六日官符〔雑格20〕

〔民上16〕B参照

（参考1）『類聚国史』巻八十四　政理六　公廨　延暦十九年九月丁酉（二日）条

〔民上30〕C⑦参照

（参考2）『類聚三代格』巻七　郡司事

太政官符

応直府書生権任郡司事

（中略）

天長二年八月十四日

（参考3）『延喜式』　式部上（四八〇頁）

凡太宰府書生帯郡司者、莫責同門一従、

（参考4）『延喜式』　民部上（五七六頁）

凡権任郡司、不給職田、但太宰府書生帯郡司者、不在此例、

〔解説〕

大宰府の府例に復し、大宰府の使部・書生にたいし正税稲をさいて借貸をおこなうことを定めた格。

大宰府の使部には、外散位をあてることを原則とし、加えて白丁もあてられたことがわかる（B①）。また散仕は、白丁で大宰府に上番する雑任の名称であると考えられ、格文中の使部二百人と使部九十許人、および散仕百人と書生十許人が対応する文言であるとすれば、散仕が書生としてあてられていたと解することができるであろう。

大宰府では、これらの外散位・白丁の使部や書生としての官仕にたいして、従来、借貸をおこなってきたのであるが、格文中に例帳とあることから、大宰府には諸司例などと同じく、このような府例（B②にも府例にあたるものがみえる）を集録・編纂したものが存在していたと推定される。このような府例による使部・書生にたいする借貸が法の聴すところに非ずとなった事情については、必ずしも明確ではないが、おそらく延暦十九年の公廨稲の復置（参考1）にともなう国司借貸の停止が、それに該当するのではないかと思われる。

本格では、こうした借貸による使部・書生への経済的保障を復活させたものであるが、特に、書生は、西海道諸国を管する大宰府の行政において果していた役割が大であったようであり（B②）、その人材確保のために、天長二年以降は大宰府の書生を権任郡司とし、職田班給の特権が付与された（参考2・3・4）。

（傳田伊史）

〔参考文献〕

茨木一成「散事考」（『続日本紀研究』六―四）

薗田香融「出挙」(『日本古代財政史の研究』)
山田英雄「散位の研究」(『日本古代史攷』)
森田悌「地方行政機構についての考察」(『平安時代政治史研究』)
波々伯部守「九世紀における地方行政上の一問題」(『史泉』五〇)
北条秀樹「府支配と西海道」その一(『九州工業大学研究報告』人文・社会科学二八)

261〔民上36〕応借貸正税諸国書生等事　同《大同二》年四月十五日

『類聚三代格』巻十四　借貸事

太政官符

応借貸正税諸国書生等事

大国一万束　上国八千束

中国六千束　下国四千束

右得山陽道観察使正四位下守皇太弟傅兼行宮内卿勲五等藤原朝臣園人解偁、備前国解偁、書生等申、己等白丁課役之民、而長直公事不顧私業、或久経京下永妨農業、或巡行部内、私費人馬、身労不異郡司、粜禄還無所頼、伏望、特被申官、借貸正税、各以救乏者、国司勘之事、有合矜、仍請使裁者、使等商量、賞則招人、餌則聚魚、若不加優矜、則部内公文将託誰人、望請、当道諸国随国大小、正税一万二千束已下八千束已上、毎年借貸令自勧勉、謹請処分者、右大臣宣、奉　勅、宜作差給之、若有未納令国司塡之、立為恒例、五畿内六道諸国亦宜准此、

大同二年四月十五日

○『類聚国史』巻八十四　政理六　借貸　大同二年四月壬申（十五日）条

令諸国随国大小、以正税貸国書生、以其不顧私産常直国庁也、

○『貞観交替式』21

応借貸正税諸国書生等事

大国一万束　上国八千束

中国六千束　下国四千束

右山陽道観察使正四位下守皇太弟傅兼行宮内卿勲五等藤原朝臣園人解偁、備前国解偁、書生等申、己等白丁課役之民、而長直公事、不顧私業、或久経京下、永妨農業、或巡行部内、私費人馬、身労不異郡司、粜禄還無所頼、伏望、特被申官、借貸正税、各以救乏者、国司勘之、事有合矜、仍請使裁者、使等商量、

賞則招人、餌則聚魚、若不加優矜、則部内公文将託誰人、望請、当道諸国、随国大小、正税一万二千束已下、八千束已上、毎年借貸、令自勧勉、謹請処分者、右大臣宣、奉　勅、宜作差給之、若有未納、令国司塡之、立為恒例、五畿内六道諸国、亦宜准此、

大同二年四月十五日

B　諸国書生

①天平十年度周防国正税帳（『大日本古文書』二―一四二頁）

給造天平八年雑公文書生等食返納稲肆拾捌束陸把

②『類聚国史』巻八十四　政理六　公廨　延暦十七年正月甲辰（二十三日）条

〔民上30〕C⑥参照

③『延暦交替式』38　延暦二十二年二月二十日官符

〔民上13〕C④参照

（参考）『類聚三代格』巻六　公粮事

太政官符

応給食徭丁事

（中略）

大帳税帳所書手大国十八人　上国十六人　中国十四人　下国十二人

（中略）

弘仁十三年閏九月廿日

C　式の規定

①『延喜交替式』110

凡借貸正税、諸国書生、大国一万束、上国八千束、中国六千束、下国四千束、毎年作差給之、若有未納、令国司塡之、

②『延喜式』主税下（六七二頁）

〔民上31〕C②参照

〔解説〕

国の大小に応じ一定額の正税稲をさいて、諸国書生に借貸をおこなうことを定めた格。

諸国書生は延暦十七年にその数が定められたが（B②）、律令国家のなかでの身分としては、格中の備前国の解に記されているように白丁課役の民であり、その職務に対しても原則として食粮が支給されるのみであった（B①③）。

書生は、諸帳や田籍などの文書の作成のほか、国衙のさまざまな業務に従事していたと考えられ、売券などにも加署している。本格は以上のように国衙行政上、必要不可欠な存在であった書生に対して、その経済的保障を図ったものであると考えられる。

なお、本格の規定は、そのまま貞観交替式をへて、延喜交替式に規定された（C①）。

（傳田伊史）

〔参考文献〕

森田悌「地方行政機構についての考察」（『平安時代政治史研究』）
波々伯部守「九世紀における地方行政上の一問題」（『史泉』五〇）

262〔民上37〕応賜外国官人賻物事　延暦八年八月十一日

『類聚三代格』巻六　賻物事

太政官符

応賜外国官人賻物事

右検承前例、外国官人卒死賻物、皆以京庫物賜、今被右大臣宣偁、奉勅、理不可然、自今以後、宜改其例、以当国正税給之、但新任未赴任所身亡者、依旧給於京庫、永為恒例、

延暦八年八月十一日

○『政事要略』巻五十九　交替雑事　賻物事

弘民格云、応賜外国官人賻物事

右検案内、例外国官人卒去、賻物皆以京庫物賜、今被右大臣宣偁、奉勅、理不可然、自今以後、宜改其例以当国正税給之、但新任未赴任所身亡者、依旧給於京庫、永為恒例、

延暦八年八月十一日

○喪葬令5職事官条集解穴記所引延暦八年八月十一日官符

延暦八年八月十一日官符云、応賜外国官人賻物事、右検承前例、外国官人卒死、賻物皆以京庫物賜、今被右大臣宣偁、奉勅、理不可然、自今以後、宜改其例、以当国正税給之、但新任未赴任所身亡者、依旧給於京庫、永為恒例、

○『西宮記』巻十二（裏書）大臣薨事条

賻物事貞格《（マヽ）》

延暦八（年）八（月）十一日符云、応賜外国官人賻物事、右承前例、外国官人賻物、皆以京庫物賜云々、宜改其例以当国正税給之、但新任未赴任前身亡者、依旧給京庫云々、

A 令の規定

喪葬令5職事官条

凡職事官薨卒賻物、正従一位、絁卅疋、布一百廿端、鉄十連、正従二位、絁廿五疋、布一百端、鉄八連、正従三位、絁廿二疋、布八十八端、鉄六連、正四位、絁十六疋、布六十四端、鉄三連、従四位、絁十四疋、布五十六端、鉄三連、正五位、絁十一疋、布卌四端、鉄二連、従五位、絁十疋、布卌端、鉄二連、六位、絁四疋、布十六端、七位、絁三匹、布十二端、八位、絁二疋、布八端、初位、絁一疋、布四端、皆依本位給、其散位三位以上、三分給二、五位以上給半、太政大臣、絁五十疋、布二百端、鉄十五連、親王及左右大臣、准一位、大納言、准二位、若身死王事、皆依職事例、其別勅賜物者、不拘此令、其無位皇親、准従五位、三分給二、女亦准此、減数不等、従多給、

B　賻　物

①『類聚三代格』巻五　定内外五位等級事〔式上68〕

太政官謹奏

内外五位不合同等事

（中略）

外五位

（中略）

依禄位田賻物

右内位禄料減半給之、如無故不上経一年者停給女減三分之一、

（中略）

以前奉　勅、刪定内外五位貴賤差別、臣等商量、具件如前、謹以申聞、謹奏、奉　勅、宜依前件、永為恒例、

神亀五年三月廿八日

②『続日本紀』宝亀五年八月甲申（十七日）条

勅、外国五位已上、身亡本居者、自今以後、宜割当国正税給其賻物、

○『類聚三代格』巻六　賻物事　天長元年九月二日官符所引宝亀五年八月十七日格（B⑤）参照

③『類聚三代格』巻六　賻物事　天長元年九月二日官符所引宝亀八年三月二十六日格（B⑤）

④『政事要略』巻五十九　交替雑事　賻物事　貞観十二年十二月二十五日官符所引弘仁治部式逸文

凡外国官人賻物者、以正税給之、但太宰及管国兼給殯殮調度、

⑤『類聚三代格』巻六　賻物事

太政官符

応給在当国五位已上幷国郡司賻物事

右検宝亀五年八月十七日格偁、五位已上、身任外国賻物、宜当国正税准物充給、又同八年三月廿六日格偁、諸国郡司五位賻物宜以当国正税給之、又延暦八年八月十一日格偁、検承前例、外国官人賻物、皆以京庫物賜、右大臣宣、奉　勅、理不可然、自今以後、宜改其例、以当国正税給、但新任未赴任所身亡者、依旧給於京庫者、諸国依此等格、直給賻物、所司因循行来尚矣、而中間以降、徒労下符、待符之間、不聴充給、因茲助喪之賜不資殯殮、送葬之家遂闕支用、今被右大臣宣偁、贈賻之義為厚人終、贈不及尸則非礼也、宜件等賻物、当卒死時依格令給、莫更下符、但所用物加別録言上、

天長元年九月二日

○『政事要略』巻五十九　交替雑事　賻物事　天長元年九月二日官符参照

C　式の規定

①『延喜式』　治部省（五三〇頁）

凡外五位賻物者、准内位減半給之、但五位郡司准職事例、以正税給之、

②『延喜式』　治部省（五三〇頁）

凡外国官人賻物、以正税給之、若未赴任所身亡者、以京庫物給之、

③『延喜式』　治部省（五三〇頁）

凡陸奥、出羽鎮守府史生傔仗、博士、医師、陰陽師、弩師、太宰府傔仗、史生幷管国史生等賻物、並以当国物給之、

④『延喜式』　主税上（六六二頁）

凡諸国司賻物、以正税給之、

⑤『延喜式』　主税下（六七一・六八二頁）

某国司解申収納某年正税帳事

（中略）

卒去国司賻物料価若干束

官位姓名某月日卒死　料若干束

絹若干疋、価若干束疋別若干束、諸色准此、各為一項、

醸酒料若干束

得酒若干石

（後略）

〔解説〕

従来、京庫から支給していた外国官人の賻物を、任所に到着する前に死亡した者を除いて当国の正税から支給するように変更した格。

令では賻物をどこから支給するか規定していないが（A）、宝亀五年には外国の五位以上の者で、任所で死亡した者には当国の正税から賻物を支給することとし（B②）、さらに、宝亀八年には諸国郡司の五位以上の者にも正税から賻物を支給することとした（B③）。なお、外位の者については、すでに神亀五年に内位の半分を支

給することにしている（B①）。

本格の承前の例によれば、外国官人の賻物は、京庫から支給することになっており、宝亀五年格は、本格以前に改定された可能性もある。したがって本格は、喪葬令賻物条の補足といえる。また、宝亀五年格を改変した規定（承前例）を改定した可能性も考えられるが、詳細は不明である。なお、本格をふまえた規定が弘仁治部式逸文にもある（B④）。

天長元年には、従来申官し、報符を待ってから支給することになっていた賻物の規定を、事後報告でよいことにした（B⑤）。本格の規定は、その後延喜式に継承された（C②）。なお延喜式での関連規定としては、C①③④⑤等がある。

（川尻秋生・新村治義）

263〔民上38〕応国司申政詐不以実奪公廨事　弘仁十年五月廿一日

『類聚三代格』巻七　牧宰事

太政官符

応国司申政詐不以実奪其公廨事

一詐増賑給飢民数事

右戸令云、凡遭水旱災蝗、不熟之処少粮応須賑給者、国郡検実、預申太政官奏聞、詐偽律云、詐欺官私以取財物者准盗論、注云、監主詐取自依盗法、有官者除名倍贓如法、未得者減二等者、然則言上之日須録其実、不実之罪律文明白、而今諸国所申賑給、遣使覆検与実既違、仮令国司所申飢民十万、使者実録只此五万、若不捜実五万既隠、国之為例既而有之、其受委之吏須守朝章、贓賄之毀廉人所恥、金科既備玉条亦明、此而不糺何得粛清、

一詐申官舎堤防等破損幷詐増支度数事

右検交替式偁、官舎溝池等破損、年中所修毎年奏聞、交替之日依帳検実、如有闕怠、仍停解由、太政官去弘仁四年九月廿二日符偁、前時破損後人作之、其料物者割前司公廨充之、如無公廨徴用私物、待修理訖乃許解由、其於郡司作差徴物亦同国司者、而或国阿容前人不求其損、或国司交替検校漏而不勘、如此之類修理之日後人出料依格可作、既隠前怠巧称後損、事乖公途多失官物、又営繕令云、凡有所営造及和雇造作之類、所司皆先録所須惣数申太政官者、其支度之数依実須申、不実之罪亦同上条、而今諸国所申支度、遣使覆検多有不実、仮令国申単功万人、使人捜実只此五千、如此之行諸国不免、公廉之吏豈其然哉、

一詐増損田数事

右賦役令云、凡田有水旱虫霜不熟之処、国司検実具録申官、慶雲三年九月廿日勅偁、凡田有水旱虫霜不熟之処、応免調庸者、卌九戸以下国司検実処分、五十戸以上申太政官、三百戸以上奏聞、応申官者九月卅日以前申送、十月以後不須者、然則事須委曲実録限内言上、若渉不実罪亦同上、今或国解文注損万町、遣使覆検五六千町、或国解文只著損状、得損町段都無注載、或過期乃申、巧称路障、或寄事他政至冬追申、国司所請再三慇懃、不得忍止、猶発使人至于覆審不及言上、非唯詐欺上官、兼亦費損路次、惣是不慎憲章、屢致不実之弊也、忘公潤私間至有之、致忠致廉希而不聞、以前事条具件如前、今被大納言正三位兼行左近衛大将陸奥出羽按察使藤原朝臣冬嗣宣偁、奉　勅、為吏之道須致忠貞、不実之事理須懲革、宜准所詐奪其公廨、兼処法律以懲将来、又郡司是自勘自申之職也、国司則随申覆検之吏也、准量其過不軽国司、宜亦論罪之方自依恒条、徴物之事、一同国司者、諸国承知依宣行之、其損田者限内必申、若有縁実録須経日者、限内預申損状、追早進実録帳、若不進帳不聴遣使、但於遠国九月之損、定知不堪限内言上、宜東海道坂東、東山道山東、北陸道神済以北、山陰道出雲以北、山陽道安芸以西、南海道土左等国、大宰管内大隅薩摩日向多褹、対馬等国嶋、九月之内風水之損、雖十月後行程之内特聴通計、過程之外不聴判収、自今以後立為永例、不得疎漏、

弘仁十年五月廿一日

○『政事要略』巻六十　交替雑事　賑給事

弘仁格云、応国司申政、詐不以実、奪其公廨事

一詐増賑給飢民数事

右戸令云、凡遭水旱災蝗不熟之処、少粮応須賑給者、国郡検実、預申太政官奏聞、詐偽律云、詐欺官私以取財物者、准盗論、注云、監主詐取、自依盗法、有官者除名倍贓如法、未得者減二等者、然則言上之日、須録其実、不実之罪、律文明白、而今諸国所申賑給、遣使覆検、与実既違、仮令国司所申飢民十万、使者実録只此五万、若不捜実、五万既隠、国之為例、既而有之、其受委之吏、須守朝章、贓賄之毀、廉人所恥、金科既備、玉条亦明、此而不糺、何得粛清、

以前事条、具件如前、今被大納言正三位兼行左近衛大将陸奥出羽按察使藤原朝臣冬嗣宣偁、奉　勅、為吏之道、須致忠貞、不実之事、理須懲革、宜准所詐奪其公廨、兼処法律以懲将来、又郡司是自勘自申之職也、国司則随申覆検之吏也、准量其過、不軽国司、宜亦論罪之方、自衣恒条、徴物之事一同国司者、諸国承知依宣行之、

弘仁十年五月廿一日

○『政事要略』巻五十四　交替雑事　修理官舎事

弘民格云、一　詐申官舎堤防等破損、幷詐増支度数事

右案交替式偁、官舎溝池等破損、年中所修毎年奉聞、交替之日、依帳検実、如有闕怠、仍停解由、太政官去弘仁四年九月廿二日符偁、前司時破損後人作之、其料物者割前司公廨充之、如無公廨徴用私物、待修理訖乃許解由、其於郡司作差徴物、亦同国司者、而或国阿容前人不求其損、或国司交替検校、漏而不勘、如此之類、修理之日、後人出料依格可作、既隠前怠巧称後損、事乖公途多失官物、又営繕令云、凡有所営造及和雇造作之類、所司皆先録所須惣数申太政官者、其支度之数依実須申、不実之罪亦同上条、而今諸国所申支度、遣使覆検、多有不実、仮令国申単功万人、使人捜実只此五千、如此之行、諸国不免、公廉之吏、豈其然哉、

弘仁十年五月廿一日

○『政事要略』巻六十　交替雑事　損不堪佃田事

弘民格云、詐増損田数事

右賦役令云、凡田有水旱虫霜不熟之処、国司検実、具録申官、慶雲三年九月廿日勅偁、凡田有水旱虫霜不熟之処、応免調庸者、卌九戸以下、国司検実処分、五十戸以上、申太政官、三百戸以上奏聞、応申官者、九月卅日以前申送、十月以後不須者、然則事須委細実録、限内言上、若渉不実、罪亦同

上、今或国解文注損万町、遣使覆検五六千町、或国解文只著損状、得損町段都無注載、或過期乃申、巧称路障、或寄事他政、至冬追申、国司所請、再三慇懃、不得忍止、猶発使人、至于覆審、不及言上、非唯詐欺上官、兼亦費損路次、惣是不慎憲章、屢致不実之弊也、忘公潤私、間而有之、致忠致廉、希而不聞、

以前事条、具件如前、今被大納言正三位兼行左近衛大将陸奥出羽按察使藤原朝臣冬嗣宣偁、奉　勅、為吏之道、須致忠貞、不実之事、理須懲革、宜准所詐奪其公廨、兼処法律以懲将来、又郡司是自勘自申之職也、国司則随申覆検之吏也、准量其過不軽、国司宜亦論罪之方、自依恒条、徴物之事、一同国司者、諸国承知、依宣行之、其損田者、限内必申、若有縁実録、須経日者、限内預申損状、追申進実録帳、若不進帳、不聴遣使、但於遠国、九月之損、定知不堪限内言上、宜東海道坂東、東山道山東、北陸道神済以北、山陰道出雲以北、山陽道安芸以西、南海道土左等国、太宰管内、大隅、薩摩、日向、多褹、対馬等国嶋、九月之内風水之損、雖十月後、行程之内、特聴通計、過程之外、不聴判収、自今以後、立為永例、不得疎漏、

弘仁十年五月廿一日

○賦役令9水旱条集解所引弘仁十年五月二十一日官符

弘仁十年五月廿一日官符云、応国司申政、詐不以実、奪其公廨事、一詐増損田数事、右賦役令云、凡田有水旱虫霜、不熟之処、国司検実、具録申官、慶雲三年九月廿日勅偁、凡田有水旱虫霜、不熟之処、応免調庸者、四十九戸以下、国司検実処分、五十戸以上申太政官、三百戸以上奏聞、応申官者、九月三十日以前申送、十月以後不須者、然則事須委細実録、限内言上、若渉不実罪亦同上、上条云、一詐増賑給飢民数事、右戸令云、凡遭水旱災蝗不熟之処、少粮応須賑給者、国郡検実、預申太政官奏聞、詐偽律云、詐欺官私、以取財物者、准盗論、注云、監主詐取、自依盗法、有官者除名、倍贓如法、未得者減二等者、然則言上之日、須録其実、不実之罪、律文明白、今或国解文、注損万町、遣使覆検、五六千町、或国解文、只著損状、得損町段、都無注載、或過期乃申、巧称路障、或寄事他政、至冬追申、国司所請、再三慇懃、不得忍止、猶発使人、至于覆審、不及言上、非唯詐欺上官、兼亦費損路次、惣是不慎憲章、屢致不実之弊也、忘公潤私、間而有之、致忠致廉、希而不聞、以前事条、具件如前、今被大納言正三位兼行左近衛大将陸奥出羽按察使藤原朝臣冬嗣宣偁、奉勅、為吏之道須致忠貞、不実之事、理須懲革、宜准所詐奪其公廨、兼処法律以懲将来、又郡司是自勘自申之職也、国司則随申覆検之吏也、准量其過、不軽国司、宜亦論罪之方、自依恒条、徴物之事、一同国司者、諸国承知、依宣行之、其損田者、限内必申、若有縁実録須経日者、限内預申損状、追早進実録帳、若不進帳、不聴遣使、但於遠国九月之損、定知不堪限内言上、宜東海道坂東、東山道山東、北陸道神済以北、山陰道出雲以北、山陽道安芸以西、南海道土左等国、大宰管内大隅薩摩日向多褹対

馬等国島、九月之内、風水之損、雖十月後、行程之内、特聴通計、過程之外、不聴判収、自今以後、立為永例、不得疎漏、

○『類聚三代格』巻七　牧宰事　仁寿四年十月一日官符所引弘仁十年五月二十一日官符参照

○『政事要略』巻六十　交替雑事　不堪佃田事　延喜十八年六月二十日官符所引同日官符参照

A　律の規定

詐偽律ロ詐欺取財物条逸文

凡詐欺官私、以取財物者、准盗論、（後略）

B　遣使方針の転換

『類聚三代格』巻七　牧宰事

太政官符

応依実言上損幷不堪佃田疫死百姓賑給飢民及破損官舎提防等事

右案弘仁十年五月廿一日格偁、国司申政詐不以実、奪其公廨兼処法律、又科懲郡司一同国使者、頃

年諸国司等不陳実数、浪致増加、格後漸曠既忘科責、被右大臣宣偁、奉　勅、朝家篤論最在官長、選当清望寄重分憂、如今既択良牧更加官使、屋下架屋寔為煩畳、宜自今以後、官長親自巡省、子細検定依実申送、若所申過多、稍渉疑殆者、事不獲已、乃遣朝使、使者覆覈、或有乖違、准其所詐、論如前格、但奪俸科罪、事似重酷、須有其俸只如其罪、凡厥犯解之後、一切不復叙用、俾彼濫穢之徒永絶栄進之望、其科決郡司亦復准此者、但損田荒田言上之期、承前程限事為促近、宜不堪佃者八月之内申、損田者預申損状十月内申、其遠国九月風水之損通計行程、一依前格、庶幾専城之宰宣威難犯、論道之官提綱易挙、

仁寿四年十月一日

○『政事要略』巻六十　交替雑事　損不堪佃田事　仁寿四年十月一日官符参照

〔解説〕

賑給、官舎・溝池の破損修理、損田の三つについて、国司が不実言上した場合、その公廨を奪うことを規定した格。

本来、詐偽により財物を取った場合は盗に準ずる規定であったが（A）、本格では、補塡の意味も含めて、国

司の公廨を奪うという規定を設けたものと思われる。なお、郡司も処罰の対象としている。また、国司についても民部省の勘会によって地方官を監察するのではなく、前記三つの場合、中央から使者を派遣して監察することは、現実的政策として意義があるといえよう。この点、仁寿四年官符では遣使を停止し、良吏に地方政治を依託しようとしており、政策基調の変化がうかがわれる(B)。

本格の本文末尾には損田上申の期限が示されているが、この部分は民上18の確認・補足的内容を持っているものと考えられる。

本格は、民上の最終格であること、国郡司の全般的規定である民上1・2・3と内容的に重複しないこと、格の日付が弘仁格編纂時の直前であることなどから考えれば、民上1・2・3と補完関係にあるものとも考えられよう。事書に書かれた諸項目について、解由制度によっても、民部省勘会制度によっても十分監察しきれない場合に対処する規定を定めるとともに、民上1・2・3と共に民上関係の国司関連規定を網羅して編纂する意図があったのではなかろうか。

(川尻秋生・新村治義)

〔参考文献〕

門脇禎二「律令体制の変貌」(『日本古代政治史論』古代3、所収)
福井俊彦「弘仁期地方官監察についての一試論」(早稲田大学大学院『文学研究科紀要』三三、哲学・史学編)

民上6〔補遺〕

C

『日本三代実録』貞観七年八月十七日条

備後国神石、奴可、甲努、恵蘇、世良、三谿、三次、三上八郡僻居山間、土宜採鉄、連年旱疾、黎庶弊亡、四年之間、毎年四郡、更復課役、

D　式の規定

『延喜式』主計上（六一五頁）

備後国行程上十一日、下六日、海路十五日

調、白絹十疋、帛一百疋、糸九十絇、縹糸廿絇、自余輸絹、鍬、鉄、塩、

弘仁格式の編纂・施行関係史料

1 『類聚三代格』巻一 序事

格式序

大納言正三位兼行左近衛大将陸奥出羽按察使臣藤原朝臣冬嗣等奉 勅撰

蓋聞、律以懲粛為宗、令以勧誡為本、格則量時立制、式則補闕拾遺、四者相須足以垂範、譬猶寒暑遁以成歳、昏旦迭而育物、有沿有革、或軽或重、寔治国之権衡、信馭民之轡策者也、古者世質時素、法令未彰、無為而治、不粛而化、曁乎 推古天皇十二年、上宮太子親作憲法十七条、国家制法自茲始焉、降至 天智天皇元年、制令廿二巻、世人所謂近江朝廷之令也、爰逮 文武天皇大宝元年、贈太政大臣正一位藤原朝臣不比等奉 勅撰律六巻、令十一巻、養老二年、復同大臣不比等奉 勅更撰律令、各為十巻、今行於世律令是也、故去天平勝宝九歳五月廿日 勅書偁、頃年選人、依格結階、人々高位、不便任官、自今以後宜依新令、去養老年中、朕外祖故太政大臣奉 勅刊修律令、宜仰所司早令施行、 先帝徳合壽載、明斉照臨、四海有截、八紘無事、然而凝情政体、騁想治術、以為律令是為従政之本、格式乃為守職之要、方今雖律令頻経刊修、而格式未加編緝、稽之政道尚有所闕、乃 詔贈従一位行左大臣藤原朝臣内麻呂、故参議従三位行常陸守菅野朝臣真道等、始令撰定、草創未成、遭時遏密、寝而不為、 天朝以聖承聖、資明継明、敷景化於寰中、暢仁風於海外、然而顧先緒之未遂、切堂構於 宸襟、爰降 綸言、尋令修撰、申 詔大納言正三位兼行左近衛大将陸奥出羽按察使臣藤原朝臣冬嗣、故正三位行中納言臣藤原朝臣葛野麻呂、参議従三位行近江守臣秋篠朝臣安人、参議従四位上行春宮大夫兼左兵衛督式部大輔臣藤原朝臣三守、従五位下守左近衛少将臣橘朝臣常主、従五位下守大判事兼行播磨大掾臣物部中原宿禰敏久等、上遵 叡旨、下考時宜、採官府之故事、摭諸曹之遺例、商量今古、審察用捨、以類相従、分隷諸司、其随時制宜、已経奉 勅者、即載本文別編為格、或雖非奉 勅、事旨稍大者、奏加奉 勅因而取焉、若屢有改張向背各異者、略前存後以省重出、自此之外、司存常事、或可裨法令、或堪為永例者、随状増損惣入於式、若事類班雑不得指附者、各為雑篇次之於末、其諸司所行彼此参差、或因循雖久不便於事、若斯之流難以取則、具録其状伏聴 天裁、至如米塩魚肉両数紛紜、及鋪設雑器功程多少等類、事既軽砕、臣等商量、務従折中不煩上聞、其朝会之礼、蕃客之儀、頃年之間随宜改易、至於有事例具存記文、今之所撰且以略諸、又交替式者延暦年中勘解由使撰定奏聞、遵行已久、仍旧而存不加取捨、但年代浸遠、京都屢遷、諸司文案多或堕失、雖加探索猶有未備、上起大宝元年、下迄弘仁十年、都為式卌巻、格十巻、辞簡而事詳、文約而旨暢、庶使覧之者易暁、施之者易行、布之象魏与天地而無窮、銘之景鐘将金石而不朽、臣等

学非稽古、才闇当今、猥稟　明詔敢事銓緝、雖罄庸浅恐多錯紕、凡厥篇目列之如別、

○この序文は『本朝文粋』巻八にも弘仁格序として収める。

2 『類聚国史』巻百四十七　文部下　律令格式　天長七年十月丁未（七日）条

大納言正三位兼行弾正尹臣藤原朝臣三守等言、臣聞、劉安有云、法者天下之準縄、而人主之度量、信哉斯言也、然則通三建極之后、得一居貞之君、莫不敷徳礼以宣規、設法令而裁化、世軽世重、或沿或革、銜勒人倫、隄防品彙者也、臣竊案、昔我文武天皇大宝元年、甫制律令、施行天下、沮勧既甄、彛倫式序、但律令之典、止挙本綱、至於体履相須、式条猶欠、論之政術、固有未周、所以先朝延暦年中、降綸言於卿相、揮折簡於英髪、厥後時年漸遷、旧例屢改、討論取捨、動歴年所、至於弘仁、乃以絶筆、於是分置群官、更令摘続、欲成之不日、而歳月其除、伏惟皇帝陛下、徳参丕偉、道契無為、応千載而撰寰区、撫万物而納寿域、所謂天地交泰、禎符咸臻、功成作楽之時、治定制礼之日也、臣等元与左大臣贈正一位兼行左近衛大将藤原朝臣冬嗣、正三位行中納言藤原朝臣葛野麻呂、参議従三位行近江守秋篠朝臣安人、参議従四位下橘朝臣常主等四臣、共稟宸詔、忝預編修、爾来四臣相尋薨卒、其存者唯臣等両人而已、以夫

鉛槧已下、研覈惟究、謹詣闕奉進、伏望宣布中外、尽使遵行、制可、

3　『類聚国史』巻百四十七　文部下　律令格式　天長七年十一月丁亥（十七日）条

頒行神祇、八省、弾正、左右京、春宮、勘解由、六衛、左右兵庫格式、

4　『類聚三代格』巻十七　文書幷印事

太政官符

頒行改正遺漏紕繆格式事

右検案内、太政官去天長七年閏十二月七日下諸司符偁、太政官去十一月十七日符偁、被左近衛大将従三位兼守大納言清原真人夏野宣偁、奉　勅、律令之興、蓋始大宝、懲粛既具、勧誡亦甄、然律令之典、上挙大綱、至於体履相須、事猶闕如、論之政術、固有未周、因玆修格式以備闕違、宜施之内外尽使遵行者、若有与格式相紕繆及遺漏者、亦宜具録申者、被中納言従三位兼行中務卿直世王宣偁、奉　勅、修撰之後、

改張諸事、宜来年二月以前悉令申訖、紕繆遺漏等亦准此、如有疎略及過期者、依法科処、不曾寛宥者、今被右大臣宣偁、奉　勅、採拾新修、以補闕漏、討覈故実、以正紕繆、筆削功成、撰録周備、宜早速施行、

承和七年四月廿三日

5　『続日本後紀』承和七年四月丁卯（二十二日）条

頒行諸司百官改正遺漏紕繆格式、

略校異

一、はじめに格の番号を示し、次に格文の行数を示す数字を掲げる。
一、底本の文字について、諸本に参考すべき異字・異文があるとき、まず底本の文字を掲げ、—の下に異字・異文を掲げて、（ ）に括り諸本を示した。なお、諸本に異字・異文があるとき、底本と同じものがあることを示した場合も、同様である。
一、校合に用いた諸本の略称は次の通りとする。
　鷹—鷹司本、御—書陵部蔵御本、前—前田家本、鈴—鈴鹿文庫本、伴—伴信友本、国—国会図書館本、壬—壬生本、水—天理図書館水谷川本

1 2廉平—廉乎（鷹・御・鈴・国・伴）
2 ナシ
3 17所課三考之内—所謂三年之内（前）
54雖敀遊無度不致擾乱者—雖敀遊有度不致擾乱者（鷹・御・前・鈴・国・壬・水）
4 3従三位—正三位（鷹・御・鈴・伴・国・水）従三位（前）
5返却其物—返却其罪（前）
5 ナシ
6 3猶未復旧—猶未復業（前）
4鉄、伏望、永停絹糸令輸—ナシ（前）
5十二月七日—十一月十日（鷹・御・前・鈴・伴・国・水）
7 2廨—廝（前）
8 ナシ
9 2賦無貴賤—賤有貴賤（御・伴・国・壬）
3其応供官主用料等物—其処供官至用度等物（前）
5養老元年十一月廿二日—養老元年十一月廿三日（鷹・鈴・伴・水）
10 3物麁悪—物悪（鷹・御・前・鈴・壬・水）
4在京司—在京（御・伴・国・壬）
11 ナシ
12 3迎送—逓送（前）
13 ナシ
14 6式部省—式部（前）
15 1左大臣—右大臣（御・前・国）
16 ナシ
17 6令進調綿—全進調綿（鷹・前・鈴・伴・水）
18 3収—ナシ（前・鈴・伴・国）
19 ナシ
20 3北陸—陸（前・鈴・伴）
5令輸八分—合輸八分（鈴・伴）
8甲授田—甲授（前・鈴・伴）
9過於斯—□於斯（前・鈴・伴）
12処量—覆量（前・鈴・伴・国）
21 ナシ
22 5弊衰—弊褱（鷹・前・鈴・国・壬）
7軽尠—軽勘（御・伴）
7庶令—庶民令（前・鈴・伴）
23 ナシ
24 6進官舂米—官進舂米（前）
25 6莫過斯甚—莫過於斯甚（前・鈴）
26 3便—使（鈴）
4合如此—令如之（前・鈴）令如此（鷹・御・鈴・伴・国・

28 坂東東山道山東—坂東之山東（鷹・鈴・壬・水）

壬・水）

27 3 霊亀—宝亀（鈴・水）

5 右大臣—左大臣（前・鈴）

28 1 ナシ（事書）—全貧戸之物不可義倉事（前・鈴・伴・国）

3 一斗以上—一斗付下（鷹・御・前・鈴・伴・国・壬・水）

29 弘民—ナシ（鷹・御・鈴・壬・水）

2 并□給用法—并給用法（鷹・御・前・鈴・伴・国・壬・水）、并□給用法（印）

3 用[多]—用多（鷹・御・前・鈴・伴・国・壬・水）

中々—中之下（鷹・鈴・水）

30 7 申聞—申同（前）

31 3 宜各准—宜准（前・鈴）

32 ナシ

33 ナシ

34 ナシ

35 ナシ

36 7 栄禄還無所頼—栄禄還無頼（前）

37 ナシ

38 12 勘—欺（鷹・鈴・伴・壬・水）

21 五六千—五六十（壬）

26 亦論—亦然論（国）

弘仁格民部上の配列

国・郡司の監察		原則	①	勅	延暦五年四月十一日
		原則	②	太政官謹奏委細略之	同　年同月十九日
		補則	③	合裁下観察使起請事十六条	大同四年九月廿七日
調庸収取	調品目の改定	全国	④	応厚作調鍬事	延暦十六年四月十六日
		地方	⑤	応停止備前国進鍬鉄事	同　十五年十一月十三日
		地方	⑥	備後国八郡調糸相換鍬鉄事取詮	同　廿四年十二月七日
	調庸免と力役	百姓身役	⑦	勅	慶雲三年二月十六日
		俘囚の調庸免	⑧	応免浮囚調庸事	延暦十七年四月十六日
		中男作物	⑨	勅	養老元年十一月廿二日
	調庸貢進に関する国司の職責	専当制	⑩	応禁調庸麁悪并便附在京司等事	延暦廿一年八月廿七日
		処罰	⑪	応調庸麁悪及違期未進依律科罪各令塡納事	大同二年十二月廿九日
		計帳使	⑫	応差計帳使事	弘仁九年六月十七日
		補塡	⑬	応処分公廨事	同　十年十二月廿五日
		勘会	⑭	応大帳貢調等使上日数少集公廨兼不預考事	大同五年三月廿八日

大宰府の調綿			⑮	勅為宣下歟	神護景雲三年三月廿四日
			⑯	大宰府貢上調綿一十万屯事	延暦二年三月廿二日
			⑰	応大宰府隔年進上調綿事	弘仁四年四月十六日
稲穀収取	収租法と調庸免		⑱	勅	慶雲三年九月廿日
			⑲	勅	霊亀三年五月十一日
			⑳	応令依法処分損田事	弘仁七年十一月四日
	屯田地子		㉑	広輪陸奥国屯田地子事	延歴一五年十月廿八日
	出挙	出挙利率	㉒	応収出挙息利事	弘仁元年九月廿三日
		出挙稲の収納	㉓	応停止除出挙正税本稲以外尽令糙事	大同元年八月廿五日
			㉔	応年中雑用停用新穎先尽旧穀事	同三年八月三日
			㉕	応収納官物依本倉事	弘仁五年九月廿二日
		年料舂米	㉖	応令舂年料白米事	延暦十五年十一月廿一日
		郡発稲	㉗	応出挙郡稲五万束事	弘仁二年二月十七日
	倉		㉘	勅	慶雲三年二月十六日

区分	項目	細目	番号	事書	年月日
	義		㉙	応輸	天平宝字二年五月廿九日
正税からの支出	運脚粮料		㉚	応給向京担夫食料事	大同五年二月十七日
	国司・嶋司の俸料	国司の俸料	㉛	応聴新任国司借貸正税事	延暦廿五年三月廿四日
			㉜	停止給新任国司等公粮事	大同三年六月六日
			㉝	応春按察使并国司鎮官年粮事 応加給担夫運粮賃乗事	同五年五月十一日
		嶋司の俸料	㉞	勅	天平宝字四年八月七日
	書生の貸借		㉟	応給府使部書生等借貸稲事	大同二年正月十三日
			㊱	応借貸正税諸国書生等事	同年四月十五日
	賻物		㊲	応賜外国官人賻物事	延暦八年八月十一日
補則			㊳	応国司申政詐不以実奪公廨事	弘仁十年五月廿一日

格式研究の成果と課題

福井俊彦

一

格式は、隋唐においては律令とともに頒下されるべきものであった。こうした中国の法を継受したわが国の律令は、近江令の存否はさておき、浄御原令の研究には多くの制約があるにも拘らず、かなりの研究があり、その附属法についての研究も若干ある。

しかし、ここで取りあげる格式とは、大宝以後の律令に対する格式であるから、律令についても大宝律令以後の律令から述べることにしたい。その僧尼令は道僧格にもとづくものであることは周知のことであり、そこにわが国の令の独自性が認められる。けれども、いったん令として規定されれば、その令に対する格式もやがて規定されることはいうまでもない。

大宝律令以後の律令、とくに養老令には、「従㆓別式㆒」「依㆓別式㆒」「依㆑式」「有㆓別制㆒」などの文言が見え、従来それはわが国では中国の律令を模倣し、まず律令を制定・施行したためのわが国独自の令の文言のように理解されていたが、(1)最近の研究では必ずしもわが国独自の令の文言ではないことが明らかにされている。(2)また、従来は注目されていないが、公式令にはかなり多くの式を規定している。(3)

さらに、こうした式という文言が令文に全く用いられていなくとも、式がなければ当然令の運用上不都合を生じるものも多い。一例をあげれば、職員令では国司の定員を大国、上国、中国、下国の別にわけて規定しているが、どの国がそのどれにあたるかが式(4)として規定されていないと、その国の国司の定員は決めることができない。(5)田令在外諸司職分田条にも国の等級によって職分田支給の差を設けているから、ここでもどの国がどの等級であるかということを規定した式が必要となる。また、賦役令調庸物条には、近国、中国、遠国にわけて調庸物の貢進期限を定めているから、同条集解古記の引く「民部省式」が存在するのであろう。

以上は、令の規定から当然式が必要になったものを挙げたのであるが、これとは別に律令政治運用上、各官司で式を定める必要もあり、こうして式や例、記文などが作られていったのであろう。

一方、格についてはその性格からしても、令の条文に格がでてくるのは、

養老獄令犯罪未発条

凡犯㆑罪未㆑発、及已発未㆓断決㆒、逢㆑格改者、若格重、聴㆑依㆓犯時㆒、若格軽、聴㆑従㆓軽法㆒、

とあるのが唯一の例であり、(6)しかもこの格は三代の格などとは無縁なものである。しかし、令には別勅という語がしばしばみえ、別勅はすなわち格となる。なかでも、

養老禄令条之外条

凡令条之外、若有㆓特封及増㆒者、並依㆓別勅㆒、

とあり、別勅が「弘仁格」に規定されているものがある。(7)このように考えると、わが国においても律令は初めから

格式を前提としていたものといえよう。

その後、格については慶雲二年に早くも大納言の定員を減じて中納言を新たにおき[8]、翌慶雲三年には、かなり多くの令の改定を行っており[9]、また、『続日本紀』養老元年五月辛酉条には、

以二大計帳、四季帳、六年見丁帳、青苗簿、輸租帳等式一、頒二下於七道諸国一、

とある。

したがって、格はともかく式については、大宝令の施行後ほどなくして編纂されても良さそうにも思われるが、そうはならなかった。

奈良時代にも石川年足が別式の作成を提案し[10]、「作二別式廿巻一、各以二其政一繋二於本司一、雖レ未二施行一、頗有二拠用一焉」といわれた[11]。

奈良時代には、いまだ隋唐の格式に匹敵するものがつくれなかったというのが実情のようである。しかし、石川年足の別式が「雖レ未二施行一、頗有二拠用一」といわれていることには注目すべき点があり、こうした式が政務上便利なものであったことは確かである。

平安時代にはいると、にわかに法典編纂の気運がたかまった。延暦十一年、「新弾例」八十三条が弾正台に下賜され[12]、同十六年「删定令格」四十五条が施行され[13]、また和気清麻呂は「民部省例」二十巻を編纂したといわれる[14]。

こうした法典編纂の気運は、桓武天皇の政治の方針とも大いに関係があると思われる。天皇は、自分の即位を王朝交替ととらえ[15]、征夷と造都を行ったものと考えられるが、それらのこととともに『続日本紀』の編纂をも完成させ、またこの史書の編纂に関連して、延暦二十二年二月十三日「官曹事類」を奏進させ、これと類似の「外官事類」も編纂させた[16]。

これとは別に、天皇は延暦十八年、唐の太宗が「氏族志」を撰ばしめ、高宗の時「氏族志」を「姓氏録」と改めたことに倣い、本系帳の作成を命じている。(17)これも桓武天皇の政治思想と関係があるのであろう。

桓武朝の法典編纂のなかで最も注目されるのは、『延暦交替式』すなわち『諸国司交替式』の編纂・施行である。この交替式は国司の交替に限ったもので、しかも式と称しているが、多くは格を収めたものである。『諸国司交替式』は、勘解由使の編纂したもので、長官は菅野真道であり、真道は『続日本紀』の編纂にも関与し、「官曹事類」の編者の一人でもある。『諸国司交替式』の撰進と施行が延暦二十二年二月二十五日であることも「官曹事類」の編纂・奏進と近く、この時期の編纂事業の一特色をなしている。また、こうした法典編纂事業がこの時期の明法道の発達にうながされたものであったことにも留意すべきである。(18)桓武天皇はまた、格式編纂にも着手したが、『新撰姓氏録』とともに、その完成をみることなく崩御した。

ついで、嵯峨天皇は桓武天皇の事業を継承して『新撰姓氏録』を完成させ、弘仁の格式についても新たに藤原冬嗣らに命じて編纂させ、格式は弘仁十一年に撰進された。またこれより先、弘仁十年には新しい国史の編纂を命じ、同十二年には藤原冬嗣らによって『内裏式』の編纂・奏進が行われた。(19)

嵯峨天皇は、天智天皇建立の崇福寺と桓武天皇建立の梵釈寺を特に厚く保護し、(20)天智・桓武両天皇を先帝と称しているから、(21)嵯峨天皇の天智・桓武両天皇の政治の継承の態度は顕著であり、それゆえに征夷・造都も継承されたと思われるが、その当否はともかく、弘仁の格式が桓武天皇の事業の継承であるということは、改めていうまでもないところである。

それゆえ、弘仁の格式は単に政治運用上の理由だけでなく、中国の律令格式に準じ、わが国でも格式編纂を行わなければならないという、体面上の理由もあって作られたという事情もあり、そうした例は式部格などに一番著しいようである。今後民部中、下に続いて式部格の復原的研究も予定しているので、そのことについては式部格のところで述べることにしたい。

弘仁の格式の編纂方針については、これまでに序文や、格文の研究をとおして次第に明らかにされており、そのことについては第二節で紹介していくので、ここでは述べないが、ただ格式編纂にあたっては格式序に、

(1)、其朝会之礼、蕃客之儀、頃年之間随レ宜改易、至二於有二事例一具存二記文一、今之所レ撰且以略諸、

(2)、又交替式者、延暦年中勘解由使撰定奏聞、遵行已久、仍レ旧而存不レ加二取捨一、

とあるところは特に重要なので、ここに明記しておきたい。弘仁の格式は、弘仁十一年四月二十一日撰進され、天長七年十一月十七日にいったん施行されたが、さらに訂正が加えられて承和七年四月二十二日に最終的に施行された。[22] その格式の篇目や所収年については、本節の終りに表としてまとめた。[23]

大宝律令の施行後、諸官司では記文、省例、式等が多くつくられ、それらによって律令政治が運用されていたと考えられるが、そうしたもののすべてが格式が施行された後も不要になったのではなかろう。なぜなら、先述の国司の定員一つを取りあげてみても、それは令の規定通りの定員ではなくなっており、弘仁十年以前のある時期以降の国司の定員は、三代の格と『延喜式』によってわかるのであるが、それはその時期以降変更があった諸国その他限られた国のみである。[24] それ以外の諸国の国司の定員は、弘仁の格式編纂以前の記文、省例、式等を見なければ判らないのである。ここでは、ただ一例のみをあげて説明してきたが、同じようなことが、ほかにも多かったことは、すでに武光誠氏が註(123)論文で明らかにされている。

次に、貞観の格式について述べよう。まず、「貞観格」は貞観十一年四月十三日に撰進され、[25] 同年九月七日施行された。[26]「貞観格」の序文によれば、藤原良相らに編纂が命ぜられてから、「未レ及二成功一、歳月遷往」とあり、結果

として弘仁の格式の弘仁十一年四月撰進と同じように、貞観十一年四月撰進となったような記し方をしているが、恐らくは藤原良房、良相らが父冬嗣の例に倣ったのであろう。また、急がせてそうなったともとれる。

「貞観格」の編纂方針は「弘仁格」に大体準じているが、違うところもある。まず交替式はすでに施行されていたから、[27]「弘仁格」と同じ方針をとった。しかし、次の二点は、「弘仁格」とは異っている。

(1)、唯一部之内、事有二両存一、頗渉二重構一、不二以為一レ例、

とあるのは、「貞観格」の編纂にあたっては、「弘仁格」のように一つの格を例えば式下70と民上14のように別々に規定するという編纂方針はとらなかったということを示したものである。[28]

(2)、若二理軽レ作レ格事足レ為レ儀、専棄レ之如レ遺、兼取レ之似レ砕、更撰為二両巻一、同以奏上、准二開元留司格一号二貞観臨時格一、

この「貞観格」で注目すべきことは、唐の開元留司格に準じて臨時格上・下二巻を新たにつけ加えた点にある。公営田の研究で有名な弘仁十四年二月二十一日官符は、民部格ではなく臨時格である。これは斉衡二年十月二十五日官符とともに臨時格に収められていたのである。[29]

つぎに、「貞観式」の撰進は貞観十三年八月二十五日であり、[30]施行は同年十月二十二日であるが、[31]これはやはり式の編纂に手間どり、本来なら貞観十一年に撰進したかったのであろう。あるいは格の編纂を優先するなどのこともあったかも知れない。「貞観式」はつぎの二つを編纂方針としていたことが、『三代実録』に収められている貞観式序によってわかる。それは、

(1)、然史旧式巻軸、前修久為二代典一、於レ後以芟夷斟益、且恐似レ不二率由一、故准拠、其誤謬遺漏、及変古宜レ今者、別録為二廿巻一、名曰二貞観式一、方冀新旧両存、本枝相待、不レ掩二美於前覚一、将レ垂二裕於後昆一、行レ之可レ久、用而

無レ窮、均ニ両儀之貞観一、歴ニ千古一而景式、

⑵、至レ若ニ朝会宴饗蕃客祭礼諸儀注等一、文繁事碎、不レ載ニ於斯一、

の二点である。⑴については序文の前の方に、嵯峨朝に諸司式四十巻がつくられたことが述べられており、弘仁・貞観両式を併用することが明らかにされているが、具体的には「弘仁式」を改めた条文と新設条文とが規定されたことが虎尾俊哉氏によって明らかにされている。[32] ⑵については、いわゆる『儀式』が貞観儀式にあたるとされている。

貞観の格式では開元留司格に倣い、一応律令格式、儀式、交替式とそろったわけであるが、式が弘仁・貞観の併用であったから、なお唐の法典とくに永徽・開元のそれに比較してみおとりするものであったのであろう。そこでさらに新たなる法典の整備が必要となり、延喜期の格式編纂が行われたのであろう。そこで、次に延喜の格についてみてみよう。

まず「延喜格」の編纂については、第二節で述べるように異説もあったが、坂本太郎氏の研究によって、延喜七年十一月十五日撰進、延喜八年十二月二十七日施行であることが通説となった。[33] しかし、所功氏は「延喜格」が完全な施行をみるに至ったのは延喜十年七月頃ではなかろうかとの説を示しておられる。[34] その理由として、所氏は、

『日本紀略』延喜九年十月二十三日条

今日、捺ニ印延喜格一、

『別聚符宣抄』

太政官符五畿内七道諸国司

応レ写ニ請延喜格一事

右太政官去延喜八年十二月廿七日頒二行件格一之状、下レ符已了、右大臣宣、宜下仰二下国宰一、令中早写請上者、諸国宜二承知一依レ宣行レ之、仍須下付二在京使等一来十月以前写中請之上、符到奉行、

延喜十年七月一日

とあり、同じ『別聚符宣抄』に同日在京の諸司に対しても『延喜式』を写すよう命じた宣旨があることなどを挙げておられる。私は所氏説を支持するが、「延喜格」の編纂については従来全く問題にされないいくつかの疑問をもっているので、まずその疑問点を列挙してみよう。それは、

(1)、なぜ、延喜十一年撰進とはならないのか。

(2)、なぜ、弘仁、貞観の先例にならって、撰進の前年までの格を収めず、延喜七年の途中までの格を収めたのか。

(3)、なぜ、「貞観格」のようにまもなく施行されないで、一年以上たって施行されたのか。

(4)、なぜ、延喜九年に捺印が行われたり、延喜十年に筆写が命ぜられたのか。

などの点である。このうち、(1)は「貞観格」が「弘仁格」の撰進に合わせたという、私の推定にもとづく疑問であるから、それだけの疑問なら逆に先の推定が誤りであるということになってしまうが、(2)・(3)・(4)の疑問は推定にもとづくものではないので、やはり(1)を含めた疑問に対してはある程度の解釈が必要であろう。しかし、管見の限り明解な説明はなされていないようである。そこで、この点について私なりの解釈を述べておくことにしたい。

それは、恐らく藤原定国と藤原時平の死と関係があるのであろう。定国は醍醐天皇の外祖父高藤（冬嗣の孫で、良門の子）の子であり、寛平九年七月の醍醐天皇の受禅にともなって蔵人頭となり、やがて左近衛大将藤原時平のもとで左近衛中将となり、昌泰二年参議ついで中納言に昇進し、延喜元年の菅原道真の失脚後は右近衛大将となり、翌延喜二年に大納言に昇進し、同四年の崇象親王の立太子にあたり春宮大夫となるなど異例の昇進をした人物であ

った。[35]

それゆえ、定国は道真失脚後の政界でも時平を輔佐する最も重要な人物であったと考えられる。そして格式編纂においては、名実ともに編纂責任者であった。その定国が延喜六年に四十歳で死去したことは、[36]当時三十六歳であった時平にとっても心理的影響を与えたことと思われる。「延喜格」は宇多天皇時代の政策として下された格の多くを臨時格とし、[37]一方、延喜二年三月十三日官符は不明の一つを除き七格は臨時格にはしていない。万一、時平が「延喜格」の施行以前に死去するようなことがあれば、そうした編纂方針は改められることも予想される。それに時平が死去すれば、格編纂における時平の影もうすくなる。このようなわけで、時平は延喜十一年という年までのんびりと待っていられなかったのであろう。こうして、急いで編纂を完了し、撰進にふみきったのであろう。

その「延喜格」を撰進してから一年余たって施行した理由は、恐らく急いで撰進した「延喜格」に若干の修正を加えたためであろう。こうして施行した「延喜格」には、なお修正すべき点がありその修正が行われており、実際には法典としての効力はなかったのであろう。ところが、延喜九年四月四日、今度は藤原時平が死去した。[38]その結果、時平の時代の事業を顕彰すべく、その実質的施行にふみきったのであろう。私は以上のように「延喜格」の撰進・施行を考えるので、所氏の説を支持するが、その理由については一試論として提示し、なお後考に委ねたい。

延喜の格式編纂には上延喜格式表にも「取㆓捨弘仁貞観之弛張㆒、因㆓脩永徽開元之沿革㆒、勒成㆓二部㆒、名曰㆓延喜格式㆒」とあり、格式編纂が永徽・開元の格式を手本としたものであったことがわかる。[39]延喜格序は交替式に言及していない。その理由は『延喜交替式』の編纂開始が「延喜格」撰進後の延喜十一年であったからである。[40]

つぎに、『延喜式』は、序文によれば延喜五年八月に藤原定国らに詔命がくだり、いったん編纂事業が開始された。そして延喜五年の段階で「准㆓拠開元永徽式例㆒、併㆓省両式㆒削㆓成一部㆒」という編纂方針をとって、弘仁・貞観の両式とその後の式を集成する方針をとり、その方針が最後までつらぬかれた。

その後、初め格の編纂に主眼がおかれたことに加えて、定国らが死去したことなどによって、式の編纂は一時中絶したかのごとくである。そこで同十二年改めて藤原忠平、橘澄清らに勅命がくだり、編纂が再開されたがなかなか進捗せず、延長三年八月に重ねて藤原清貫に命じて編纂を急がせて、ようやく延長五年十二月二十六日に撰進した。(41)延喜式序によると、「朝会蕃客之儀、大小流例、内外常典、事在二儀式一不二載更レ斯一」とあり、儀式についても弘仁以来の原則がそのまま踏襲された。延喜の儀式は、未完成ながら作られたといわれ、(42)また『延喜交替式』は巻頭の勘解由使の奏状によれば、延喜二十一年正月二十五日に撰進されたから、ここに律令格式、儀式、交替式が一応そろったことになる。しかし、『延喜式』は依然として施行されなかったから、当時の有効法は弘仁・貞観の両式であったので、この頃成立した書には両式がひかれている。

『延喜式』には撰進後も不備なところがあり、修訂作業が行われそれもまだ十分ではなかったが、康保四年十月九日に施行された。(43)『延喜式』の施行によって、弘仁・貞観両式は無効となり利用されなくなって、現在は「弘仁式」の一部と両式のわずかの逸文が残っているにすぎなくなった。『西宮記』巻十の「凡奉公之輩、可設備文書」には、格式としては「諸司式、延喜式五十巻、三代格、各十巻、今案或有十二巻、」とあって、三代の格と『延喜式』があげられている。くだって『政事要略』にも三代の格と『延喜式』を引いている。(44)しかるに、その後それまでの官司別でしかも三代の格をみるのは不便になり、そこで三代の格を類聚した『類聚三代格』が編纂されたのである。その時期は『政事要略』の部類が一応終了した長保四年から寛治三年にいたる約九十年間のことである。そして、この『類聚三代格』の成立により『類聚三代格』が利用されるようになった。すなわち、藤原通憲の子俊憲の『貫主秘抄』には、職事として必ず持つべきものとして、『延喜式』、同儀式とともに『類聚三代格』などをあげている。そのため、三代の格は利用されなくなって散逸し、わずかに『弘仁格抄』が残るのみとなった。そして、『類聚三代格』も一部を欠き、『延喜式』のように全巻が残っていない。なお、本節の終りに三代の格式の篇目対照表を付記する。(45)

三代格篇目対照表

		弘仁格	貞観格	延喜格
巻数		十巻	十二巻	十二巻
篇目	巻一	神祇中務	神祇中務	神祇中務
	二	式部上	式部上	式部上
	三	式部下	式部中	式部下
	四	治部	式部下	治部上
	五	民部上	治部上	治部下
	六	民部中	治部下	民部上
	七	民部下	民部上	民部下
	八	兵部	民部下	兵部
	九	刑部大蔵宮内弾正京職	兵部刑部大蔵宮内弾正京職	刑部大蔵宮内弾正京職
	十	雑	雑	雑
	十一		臨時上	臨時上
	十二		臨時下	臨時下
対象とする期間		大宝元年〜弘仁十年 百十九年間	弘仁十一年〜貞観十年 四十九年間	貞観十一年〜延喜七年 三十九年間
撰進年月日		弘仁十一年四月二十一日	貞観十一年四月十三日	延喜七年十一月十五日
施行年月日		天長七年十一月十七日 承和七年四月二十二日	貞観十一年九月七日	延喜八年十二月二十七日 延喜十年（実質施行年）

弘仁式	貞観式	延喜式
1 神祇一 四時祭	1 神祇一	1 神祇一 四時祭上
2 神祇二 臨時祭	2 神祇二	2 神祇二 四時祭下
3 神祇三 大神宮		3 神祇三 臨時祭
4 神祇四 斎宮		4 神祇四 伊勢大神宮
5 神祇五 践祚大嘗会		5 神祇五 斎宮
6 神祇六 祝詞		6 神祇六 斎院司
7 神祇七 神名一	3 神祇三 神名上	7 神祇七 践祚大嘗祭
8 神祇八 神名二	4 神祇四 神名中	8 神祇八 祝詞
9 神祇九 神名三	5 神祇五 神名下	9 神祇九 神名上
10 神祇十 神名四		10 神祇十 神名下
11 太政官	6 太政官	11 太政官
12 中務 内記 監物 主鈴 主鑰	7 中務 内記 監物 主鈴 中宮 大舎人 図書 縫殿	12 中務省 内記 監物 主鈴 典鑰
13 中宮 大舎人 図書		13 中宮職 大舎人寮 図書寮
14 縫殿		14 縫殿寮
15 内蔵	8 内蔵 陰陽 内匠 内薬*	15 内蔵寮
16 陰陽		16 陰陽寮
17 内匠 内薬		17 内匠寮
18 式部上	9 式部 大学	18 式部上
19 式部下		19 式部下

20 大学 散位
21 治部 雅楽 玄蕃 諸陵
22 民部
23 主計上
24 主計下
25 主税上
26 主税下
27 兵部
28 造兵 鼓吹 隼人
29 刑部 判事 囚獄
30 大蔵 掃部 織部
31 宮内
32 大膳
33 木工 大炊 主殿
34 典楽
35 正親 内膳 造酒 園池
36 釆女 主水 主油 内掃

---

10 治部 雅楽 玄蕃
11 民部
12 主計
13 主税
14 兵部 造兵 鼓吹 隼人 刑部 大蔵 **織部
15 宮内 大膳 木工 大炊 主殿
16 典薬 掃部
17 正親 内膳 造酒 園池 釆女 主水

---

20 大学寮
21 治部省 雅楽寮 玄蕃寮 諸陵寮
22 民部上
23 民部下
24 主計上
25 主計下
26 主税上
27 主税下
28 兵部省 隼人司
29 刑部省 判事 囚獄司
30 大蔵省 織部司
31 宮内省
32 大膳上
33 大膳下
34 木工寮
35 大炊寮
36 主殿寮
37 典薬寮
38 掃部寮
39 正親司 内膳司
40 造酒司 釆女司 主水司

弘仁式	貞観式	延喜式
37弾正　左右京　東西市	18弾正　左右京　東西市　春宮　勘解由	41弾正台
38***春宮　勘解由		42左右京職　東西市司
		43春宮坊　主膳監　主殿署
		44勘解由使
39左右近衛　左右衛門　左右兵衛	19左右近衛　左右衛門　左右兵衛　左右馬　左右兵庫	45左右近衛府
		46左右衛門府
		47左右兵衛府
40左右馬　左右兵庫　雑事		48左右馬寮
		49兵庫寮
	20雑	50雑
弘仁十一年四月二十一日　撰進	貞観十三年八月二十五日　撰進	延長五年十二月二十六日　撰進
天長七年十一月十七日 承和七年四月二十二日　施行	貞観十三年十月二十二日　施行	康保四年十月九日　施行

〔備考〕

* 「内薬」は、もと「典薬」とあって巻16と重複する。巻8は治部省被官の官司に充当される巻であるから、「内薬」と訂正。

** 「織部」は、もと「縫部」とあるが、これを「縫殿」の誤りと見れば巻7と重複し、かつここは大蔵省被官の官司を充当すべき箇所であるから「織部」と訂正。

*** 「春宮　勘解由」は、もと「六衛府」とあって巻39と重複する。『弘仁式』に春宮式および勘解由式のあったことは『類聚国史』に明証があるので、『貞観式』『延喜式』の篇目を参照して「春宮　勘解由」と訂正。

二

前節で述べたように、平安時代には、格式は儀式、交替式とともに一体的なものとして編纂されたが、格式の研究は別々に行われてきたのであって、それを一体的に研究史にまとめていくのは、かなり無理がある。しかし、本来格式は儀式、交替式と一体的に研究していくべきものであるので、以下無理を承知の上で、敢て一体的にとらえ研究の進展の過程をみていくことにする。但し、式についての研究史はすでに宮城栄昌・虎尾俊哉両氏によってまとめられているので、必要最少限言及する方針をとることを予めお断りしておく。また儀式、交替式についてはこれを割愛した。(46)

近世における格式研究の大きな流れの発端になったのは、多くの先学の指摘されているように、徳川家康による史書や法典の書写事業より始まった。それは慶長十九年のことである。それらの中には、当然のことながら『延喜式』を除く三代の格式も予定の中に含まれていたが、それらは存在しなかったので、当時存在したもののみの書写が行われた。

この結果、中原職忠、林道春らの努力により、早くも慶安元年には『延喜式』が刊行された。その後明暦三年にも慶安本の覆刻が刊行され、さらに享保八年には享保本が刊行され、広く流布した。さらに文政十一年にはいわゆる雲州本も刊行された。

近世はまた偽書の多くつくられた時代であり、『類聚三代格』の偽書がつくられ、これにつき荷田春満は『偽類聚三代格考』を著したが、その写本は現在いくつかある。(47)また、荷田在満も、当時存在した「弘仁式」が偽書であることを論じた。[48]

国学の泰斗本居宣長は、『類聚三代格』を所蔵しており、同書は本居宣長記念館に現存する。平田篤胤は、『古史徴開題記』において格式について言及した。[49] 一方、伴信友は『類聚三代格』を写しているが、[50]『比古婆衣』巻之六に「令義解及令集解三代格政事要略欠本考」を収めているものの、短いものでかつ三代格についてはふれていない。[51]また『延喜式』についても神名帳以外は考証していない。

慶安の『延喜式』刊行におくれること約二百年にして、尾張藩の学者によってようやく『類聚三代格』が出版された。これがいわゆる弘化刻本である。この弘化刻本については精査していないので断言はできないが、のち嘉永追刻本が出版され、そして嘉永追刻本は、弘化刻本も含むものであったので、弘化期の刻本は現存しないようである。

弘化刻本は十二巻本の一、三、五、七、八、十二の六巻を十二冊にしたものであったが、斎部親成の入手した二十巻本から嘉永四年に、まず巻十五、巻十六のうち巻十五を上・下にわけて三冊を追刻し、[52] ついで嘉永五年に巻四を追刻したので[53]全部で十六冊となった。これらの出版事業を推進したのは植松茂岳、野村正徳、高橋広道、神谷元平の四人であった。

嘉永追刻本は何回も出版されたのであって、『国書総目録』から、弘化刻本、嘉永追刻本、安政二年板本、慶応元年板本と単純にこれらの年だけに出版が行われたと考えることは、事実に反する。板元も多くは植松蔵板本であるが、他に神谷蔵板本もある。しかもそれが何回か出版されたのである。このように、『類聚三代格』が盛んに出版されたことは、尊王攘夷の運動と無関係ではなかったのであろう。

これら板本の中には、第十六冊の巻末に、

前刻六巻今分為十二冊　刻成
後刻三巻今分為四冊　同上
格逸一巻　追刻
考異二巻　追刻

とあるものもあることから、さらに格逸や考異も出版する予定であったのであるが、恐らくは予定に終ったのであろう。

このように、『類聚三代格』の出版については、尾張藩の学者による出版のみが著名であるが、江戸幕府でも和学講談所による出版計画があった。しかし尾張藩の出版計画がわかり、そのため出版を中止したのである。(54)

明治維新後、格の研究は少しずつ進み、明治十八年にいたって前田家本のうち、嘉永追刻本にない部分だけが出版された。これがいわゆる『享禄本類聚三代格』といわれるものである。校訂者は栗田寛、飯田武郷の二人で、それを川田剛が総閲した和装本である。第二（仁）、第四（義）、第六・第十（礼）、第十七（智）、第十八（信）の六冊からなるもので、嘉永追刻本と享禄本を合せると、国史大系本及び新訂増補国史大系本と同じ分量の『類聚三代格』が揃うことになった。

この享禄本の刊行にあたり、栗田寛は『類聚三代格文字異同畧考』を著している。それは無窮会神習文庫の井上頼圀編『玉篚』二十九に収められている。(55) それによると、栗田が初めて享禄本を見たのは、「余明治十年修史館ニ奉務ノ日始テ享禄本ヲ見ルヿヲ得」とあり、明治十年のことである。(56) 栗田はまた閲読が困難だったことを述べ、奥書に「明治十八年九月七日於東京神田之僑居勘録了」と記しているから、それは享禄本の出版直後のことであったことがわかる。栗田の修史館における三代格の考証は静嘉堂文庫蔵の『前田家類聚三代格記』(57)としても残っている。

これは、恐らく栗田が享禄本の刊行に関連して書いたもので、三代の格の序文を引いたり、『本朝書籍目録』の『聚類三代格』三十巻という記事を引いているが、結局『類聚三代格』の巻次はよくわからなかったらしい。(58)

享禄本の出版後、格の研究も次第に進むようになった。佐藤誠実《じょうじつ》が律令に続いて格式の研究を行った。(59) 佐藤は、「弘仁格」は弘仁十一年に施行され、天長七年にさらに修正を加えて中外に宣布し、承和七年にいたって遺漏紕繆を改正して施行したとしたが、この説はその後の学者に必ずしも受容れられなかった。これに対し、「延喜格」の二度撰進説を唱え、『古事類苑』や『大日本史料』にもこの説が採用された。(60)

明治三十三年九月、ようやく『国史大系』第拾弐巻に植松蔵板の印本と享禄本を合せた『類聚三代格』が出版された。後述する国会図書館蔵の弘化ならびに嘉永追刻本の稿本と、嘉永追刻本、享禄本、国史大系本、新訂増補国史大系本との関係を示すと、次のようになる。国史大系本は一冊のなかに現存三代格のすべてが収められたことが最大の特色であるが、嘉永追刻本と享禄本を一つにまとめるのにあたって、機械的にまとめるのではなく、なるべく巻次をととのえようとしており、異本との校合も行われており、さらに、格の編年索引もつけられたので、それまでのものに比較すると極めて便

類聚三代格諸刊本の関係

稿本	嘉永追刻本	享禄本	国史大系本	新訂増補国史大系本（頁数）
一上	一之上　一		巻第一（弘化刻本）	巻第一（一〜一七）
一下	一之下　二			（一七〜四三）
		第二仁	巻第二（享禄本）	巻第二（四三〜七四）
二	古本第四　三		（弘化刻本巻四）	（七四〜一〇六）
三上	三之上　四		巻第三（弘化刻本）	巻第三（一〇七〜一三五）
三下	三之下　五			（一三五〜一四三）
		第四義	巻第四（享禄本）	巻第四（一四五〜一九三）

五上	五之上	六		巻第五(弘化刻本)	巻第五 (一九五〜二一九)
五下	五之下	七			(二二〇〜二五〇)
			第六 第十 礼	巻第六(享禄本)*	巻第六 (二五三〜二八二)
七上	七之上	八		巻第七(弘化刻本巻七上)	巻第七 (二八三〜三一九)
七下	七之下	九		巻第十二(弘化刻本巻七下)	巻第十二 (三六三〜三九三)
八上	八之上	十		巻第八(弘化刻本巻八上)	巻第八 (三二一〜三五三)
				巻第九闕	巻第九(闕本)
八下	八之下	十一		巻第十四(弘化刻本巻八下)	巻第十四 (三九五〜四二四)
			第六 第十 礼	巻第十(享禄本)**	巻第十 (三五五〜三六二)
				巻第十一闕	巻第十一(闕本)
				巻第十三闕	巻第十三(闕本)
			第十七智	巻第十七(享禄本)	巻第十七 (五〇九〜五四一)
			第十八信	巻第十八(享禄本)	巻第十八 (五四三〜五六八)
十二上	十二上	十二		巻第十九(弘化刻本十二上)	巻第十九 (五八九〜六二五)
十二下	十二下	十三		巻第二十(弘化刻本巻十二下)	巻第二十 (六二七〜六四六)
十五上	十五上	十四		巻第十五(弘化刻本)	巻第十五 (四二五〜四四七)
十五下	十五下	十五			(四四七〜四八四)
十六	十六	十六		巻第十六(弘化刻本)	巻第十六 (四八五〜五〇八)

* 享禄本の巻第六のみ。　** 享禄本の巻第十のみ。

利なテキストが出版されたわけである。

明治に入って、式の研究でも大きな進展があった。それは明治二十八年の頃、和田英松が弘仁・貞観の『式逸』を蒐めたことである。[61]和田の『式逸』は『延喜式』を対照したものであるが、当時はすでに『本朝法家文書目録』も紹介されており、[62]和田もこれを知っていたから、もとより今日からみると欠点もあるが、当時としては大きな成果というべきものである。すなわち『式逸』は和学講談所の『格逸』とは違って復原的なものであった。この『式逸』は、国書刊行会が『続々群書類従』を刊行するにあたり、『格逸』および黒川春村編『格逸々』三条とともに第六、法制部に収められた。[63]『格逸』は、享禄本が世にでる前の編纂物であったので、享禄本の出現によって不要になったものもあるが、『格逸』と享禄本と重複する部分は削除せず、「加本三代格」もしくは「加本」の字を加え識別した。この『格逸』は今日からみるとあまり意味のないものとなったと思われるのであるが、後述する瀧川政次郎氏の画期的研究もこの『格逸』を引いて論じているし、それに『類聚三代格』の研究は進んでいなかったので、当時はまだ意義のあるものであったのである。また明治三十五年、『古事類苑』法律部第一冊が出版され、法律部二の中にそれまでのわが国の古代の法についての知見の概要が簡単に述べられ、先述したように「延喜格」の二度撰進説が採用されたが、政書目録、律令についで格式に関連する史料もまとめられ、これも当時研究に裨益するところが大きかった。

大正十五年は、延長五年の『延喜式』撰進より一千年目にあたるので、皇典講究所と全国神道会の共催で『延喜式』の撰上一千年記念展覧会[64]と同講演会が行われ、[65]『延喜式』についての関心が盛りあがった。また、昭和十四年には史学会創立五十年を記念して、『本邦史学史論叢』上・下二巻が出版され、その中に史書や修史事業に関する研究論文が多く収められているが、『延喜式』はその例外として宮地直一の研究が収められている。『延喜式』には巻十まで神祇式があり、中世以来とりわけ江戸時代以来の伝統をうけて、研究の気運がたえなかった。

格の研究に飛躍的成果をもたらしたのは、九条公爵家蔵の『弘仁格抄』の学界への紹介と、その『弘仁格抄』をもとにした瀧川政次郎氏の研究である。それは大正十三年五月に開催された、東京帝国大学史料編纂掛の第十二回史料展覧会[66]のことであって、その時広く学界に『弘仁格抄』が紹介されたのである。

瀧川氏は、翌大正十四年これを筆写し、またその後それを翻刻し、奥書や紙背の具注暦などを詳細に検討され、

『弘仁格抄』は九条道教が暦応二年に鷹司師平所蔵の『弘仁格』から抄出せしめたもので、それは『類聚三代格』の存在を前提にした抄出であったこと、そしてそのまま九条家に伝来したものであること、また『弘仁格抄』と『類聚三代格』との対比から、『類聚三代格』は三代の格を全部類聚して収めたものであること、『弘仁格抄』にありながら、該当格がないのは『類聚三代格』の欠失巻に収められていたもので、それらがどのようなものであるかを明らかにされた。さらに、「弘仁格」の逸文と格抄の格の比定等をも行われ大きな研究成果を発表された。(67)

以上のことは、現在では常識となったが、研究史上においては、画期的なことである。また、『弘仁格抄』の翻刻は昭和十一年の新訂増補国史大系第二十五巻に収められるまでは、ほかにはなされず、また瀧川氏が『弘仁格抄』は将来『古簡集影』に収められる予定とされているが、それは予定に終ってしまったから、瀧川氏の翻刻は極めて重要なものであった。

瀧川氏は、同じ論文で格式研究の重要性を力説されており、別に大正十二年、第十一回の史料編纂掛の史料展覧会で公開された(68)『弘仁式断簡』についての研究を行っている。(69)しかしその後は瀧川氏も研究を継続されず、格式研究とくに格の研究はほとんど進展しなかった。その中にあって昭和十年、坂本太郎氏の「延喜格」の撰進、施行についての研究は注目すべき研究であった。(70)

和田英松の『本朝書籍目録考証』は、昭和十一年に初版が刊行され、三代の格式や三代格について簡潔な考証を行い、先行研究にとらわれない独自の説をだしている。まず、「弘仁格」の施行については弘仁十一年説をとらず、この年は撰進のみであったとする説は卓見といえる。しかし、「弘仁式」のところでは、弘仁十年四月格十巻、式四十巻を施行とするのは、先の卓見と矛盾する。また「延喜格」の両度施行説をとっている。しかし、『類聚三代格』が『後二条師通記』や『台記』にみえることを指摘したのは流石である。けれども『類聚三代格』の正確な巻次については和田英松も判断がつかず、瀧川政次郎氏も研究を行われなかったから、結局この問題は最近まで確たる見解を発表する学者はなかった。

同年、新訂増補国史大系第二十五巻として、『弘仁格抄』とともに『類聚三代格』が出版された。この新しい校訂本は一部底本を変えたり、新しく校合を厳密にするなどの進歩があり、またかろうじて判読できる部分を附載として収載し、片言隻句をも見のがさない態度もみられる。しかし十二巻本と二十巻本との関係がわからなかったから、巻次については国史大系本を踏襲しこれを改めなかった。現在でも最も依拠すべきテキストとして利用されているが、研究の進歩した今日では欠点も多いことも確かである。従来明らかになった欠点のほか、指摘されていない欠点もある。それは、校訂者が帝国図書館所蔵の弘化及び嘉永追刻本の稿本の存在を知らなかったことである。同書は現在国立国会図書館にあり、「明治三七・四・一五・購求」という収書印が捺してあるから国史大系本が刊行されてほどなく、帝国図書館の蔵書となったのである。同書は現在は一括して十六冊に表装されているが、弘化刻本の部分と嘉永四年追刻の部分は明らかに字体が異なる。またこの稿本をみると、甲本とは具体的にどの写本であるか記してある。いわゆる弘化刻本には、甲本、乙本等としかしていなく、新訂増補国史大系本『類聚三代格』の校訂者はこの稿本の存在を知らなかったから、凡例に甲本、乙本、丙本、丁本とのみ記すことしかできなかったし、校訂にこの稿本を利用することができなかったのである(71)。

これまで格よりも式の研究が盛んであったことを述べてきたが、こうした傾向は第二次大戦が終っても基本的には変らなかった。戦後、式の研究を推進したのは、宮城栄昌氏と虎尾俊哉氏であった。宮城氏は昭和三十年『延喜式の研究』史料篇、三十二年に同論述篇の大著を出版され、それまでの式の研究を集大成された。ことに史料篇は後学の利用に便利である。しかし、弘仁・貞観の両式が散逸しており、逸文も少ないから、弘仁・貞観の両式からどのように『延喜式』に集大成されたのかよくわからず、今後に残された課題も大きい。宮城氏は別に式逸の集成もされている。(72)

また、虎尾氏は「両宮儀式帳」と「弘仁式」の関係や、「貞観式」の体裁を明らかにされ、さらに『延喜式』がおくれて施行された理由などについての研究を発表されているが、(73)一方で、『延喜式』の注釈的研究も行い、(74)また吉川弘文館の日本歴史叢書の一つとして、昭和三十九年に『延喜式』を出版されている。同書には随所に新しい研究が盛りこまれ、『延喜式覆奏短尺草』もとりあげられている。なお、宮城氏が今後の研究課題として『延喜式』の後世における施行力を挙げられたのに対して、虎尾氏は誰もが安心して活用できる注釈書が必要であると述べておられる。昭和二十八年、瀧川政次郎氏はわが国の軍防令には唐式によったものもあるとされた論文を発表され、(75)翌二十九年には岩橋小彌太氏が格式についての論考を発表された。(76)

一方、式ほどではないが、格についての研究も少しずつ進展していった。昭和三十年、笹山晴生氏が中衛府の研究の一環として、前田家本『類聚三代格』巻四所収の中衛府の設置に関する格の研究を行っておられる。笹山氏の研究は三代格に関する新しい諸研究が発表される以前のものであり、かつ東北大学狩野文庫本が学界に紹介される以前の研究であるが、『弘仁格抄』を利用し、弘仁兵部格の格の配列を参考とされるなど、研究史上の意義は大きい。(77)同じく、『弘仁格抄』を利用した研究を野村忠夫氏が行っておられる。(78)野村氏の研究は、主として有名な『続日本紀』慶雲三年二月庚寅条の「制七条事」の第二に関する林陸朗氏の解釈を批判されたものであるが、(79)批判の論拠を『弘仁格抄』における格の配列に求めておられる。(80)

昭和三十四年には、『類聚三代格索引』が刊行され、『類聚三代格』の利用が便利になった。また、三十五年には丸山忠綱氏が墾田永世私財法についての研究を発表された。丸山氏は私財法研究の史料である『続日本紀』『類聚三代格』『令集解』『法曹至要抄』の引く格をそれぞれ比較検討された。そのさい、『類聚三代格』所収の格を「弘仁格」文としてとらえ、「弘仁格」には編纂時に編集者の見識によっていくばくかの取捨の手が加えられたと述べられている。(81)

昭和三十九年、新訂増補国史大系の完成を記念し、雑誌『日本歴史』は同大系所収の史料についての解題を中心とした特集号をだした。格式については、山本信吉氏が短い解題を寄せておられる。(82)山本氏は、弘仁格式の序文を中心に論じ、格には、

1、律令に落された規定を追加制定したもの。
2、律令の規定を修正したもの。
3、格の規定を更に改正したもの。
4、式の規定を改正したもの。
5、式を定めたもの。

などがあることを挙げられており、それまで格にどのような規定がなされているかを指摘したものがほとんどなかっただけに、格式の研究史上の意義は少なくないと思われる。

昭和四十年、瀧川政次郎氏はわが国の格式が唐の格式の影響をうけたものがあることを具体例をあげて論じられた。(83)同年亀田隆之氏が『弘仁格抄』に見えて『類聚三代格』に見えない格一覧をつくられ、(84)翌年には菊地康明氏が大宝元年格について論じられ、(85)また山本信吉氏が『三代実録』や延喜の格式編纂にはたした大蔵善行の役割について論じられた。(86)

昭和四十二年、吉田孝氏が墾田永世私財法に関する『続日本紀』『類聚三代格』『令集解』所収の格の史料批判か

ら三代の格の編纂方針に言及され、編纂された格は格編纂時に有効法となるよう原格の内容にいたる改変もあることを指摘され、その後の研究に大きな影響を与えられた(87)。またこの年、瀧川政次郎氏の法制史論叢の第一冊として、『律令格式の研究』が刊行され、これまで取上げてきた、氏の戦前から戦後にわたる諸論考が一書にまとめられたから、これも格式研究史上の大きな研究進展の一契機となった(88)。

新訂増補国史大系の完成を記念して、本格的な所収書の書目解題の出版が計画され、吉田孝氏が『類聚三代格』を担当されることになったが、その出版が遅滞している間に三代格や格についての研究がにわかに進展しはじめた。昭和四十三年、鬼頭清明氏は『令集解』所収の「弘仁格」を検討され、惟宗直本は「弘仁格」をかたわらにおいて『令集解』を編纂したものと推定された(89)。鬼頭氏の研究により、「弘仁格」の復原的研究に『令集解』が利用できることになったわけで、氏の研究の成果は貴重である。

ついで昭和四十四年から、渡辺寛氏が『類聚三代格』に関する研究をつぎつぎと発表された。即ち、渡辺氏は、

(1)、『本朝書籍目録』に「類聚三代格、三十巻」とみえるのは弘仁、貞観、延喜の各十巻の合計から考えたものではないかと推定されること(90)。

(2)、三代格の本居宣長自筆写本の付箋に「類聚三代格十二巻」とあること。

の二点を挙げ、ついで前田家本を精査され、二十巻本の存在と、十二巻本と二十巻本の関係及び十二巻本と二十巻本の復原案を示された(91)。渡辺氏は同年、『政事要略』の引く三代の格を精査し、その結果『政事要略』の引く三代の格は『類聚三代格』から引いたものではなく、三代の格から引いたものであることを実証され、『類聚三代格』は、『政事要略』の部類がほぼ終った長保四年十一月五日以降寛治三年四月五日以前の成立とされた(92)。渡辺氏の研究によって「弘仁格」の復原的研究に『政事要略』所引の三代の格が安心して利用できることになり、また三代格

の成立時期の研究でも進歩をみた。

昭和四十五年、所功氏は弘仁格式について、それまでの研究史をよくまとめ要領のよい格式の解説をされ[93]、本稿執筆にあたって大いに利用させて頂いた。なお、所氏は論拠は明確にはされていないが、現在の「弘仁格」文が承和七年施行のものだとの見解を示された。所氏は同年別に「延喜格」の実質的施行は延喜十年七月頃であろうとの推定をされている[94]。また、渡辺寛氏も同年、三代格の編纂方針として、

(1)、もとの三代の格における格文の語句そのものには、これを修訂するなどの手は全く加えられていない。

(2)、しかし、もとの三代格所収格において、それが数箇条より構成されており、しかもその数箇条の内容が異る場合には、これを二分割ないし、三分割して類別している。

(3)、そして又、一個条よりなる格であってもその内容が二篇目に関係のある場合、それを二篇目内に重複して収めていることもある。

の三点をあげておられる[95]。渡辺氏の論文は、古代の類書については参考となる論文であるが、(1)については問題があり、この点については吉田孝氏が正しい指摘をされている。また同年、飯田瑞穂氏が前田家本三代格の欠失巻に収められていたと思われる格についての貴重な研究を発表された。飯田氏の研究は三代格の研究のみならず、「弘仁格」の復原的研究にも極めて有益なものである[96]。なお、同年林紀昭氏が史料編纂所の『弘仁格抄』の影写本によって、大系本及び瀧川政次郎氏翻刻の『弘仁格抄』の誤りを訂正されている[97]。

昭和四十六年、ようやく吉田孝氏の三代格の解題が公けにされた[98]。執筆から校正にいたる間に鬼頭、渡辺、飯田三氏の新しい研究が次々と発表されたので、吉田氏はつとめて新しい研究の成果を盛りこまれた。吉田氏は、第一に三代格は三代の格を機械的に配置がえをしたものではなく、場合によっては若干の書きかえがあることを具体的

に指摘し、(99) 第二に渡辺氏とは別に独自に前田家本を調査され、三代格に十二巻本と二十巻本とがあることを明らかにされ、独自の十二巻本と二十巻本の復原案を示されたこと、(100) 第三に大系本の校訂、とくに欠文を国史等を利用して復原的に校訂したものには必ずしも正しくないと考えられるものがあること、第四に、先の吉田氏の墾田法の研究を発展させ、さらに多くの例を挙げて、三代の格には、格の有効法として存続している部分と既に無効となっている部分が併存しているような場合には、既に無効となっている部分を削除することがあったことを明らかにし、最後に三代格の伝来について概観しておられる。その他本文や註で重要な指摘もあり、(101) 今日でも三代格の解題として有益なものである。ことに「三代の格の類聚は、編纂時点と切り離して読むことを許さないという三代の格の基本的性格を見失わせてしまう危険がある」という指摘は重要である。同年、吉田氏は律令と格についての解説も行っておられる。(102)

昭和四十七年、渡辺寛氏は吉田氏の復原案を批判するとともに東北大学附属図書館の狩野文庫本の三代格を学界に紹介され、詳細は別稿に譲るとされ、この古写本の出現によって私見の成立が認められるとされているが、(103) 渡辺氏はその後包括的な研究の成果は公表されていない。(104) 渡辺氏の三代格についての研究成果が一日も早く公けにされることを期待する。なお、渡辺寛氏の示された『類聚三代格』の復原目録と国史大系本の巻次の関係は次頁の如きものである。(105)

渡辺寛氏の紹介された古写本は、前田家本しか残っていない十二巻本の巻四にあたる部分を中心としたものであり、しかもその部分は前田家本のなかでも最も破損、蠹害などの多い部分であるから、三代格の研究に裨益するところが多い。(106) 昭和五十一年には熊田亮介氏が狩野文庫本三代格を利用し、巻四の格の配列に関する復原案を示された。(107) 同年これとは別に、鎌田元一氏が現存の「弘仁格」文は、承和七年施行のものであることを実証された。

国史大系本巻次	十二巻本	二十巻本
一	＜巻第一＞ 序事 神社事 神封物并租地子事 祭并幣事 神叙位并託宣事 斎王事 神宮司神主禰宜事 科祓事 神郡雑務事 神社公文事	＜巻第一＞ 序事 神社事 神封物并租地子事 祭并幣事 神叙位并託宣事 ＜巻第二＞ 斎王事 神宮司神主禰宜事 科祓事 神郡雑務事 神社公文事
二	＜巻第二＞ 造仏々名事 経論并法会請僧事 修法灌頂事 年分度者事	＜巻第三＞ 造仏々名事 経論并法会請僧事 修法灌頂事 ＜巻第四＞ 年分度者事
三	＜巻第三＞ 国分寺事 定額寺事 僧綱員位階并僧位階事 諸国講読師事 僧尼禁忌事 家人事	＜巻第五＞ 国分寺事 定額寺事 僧綱員位階并僧位階事 諸国講読師事 僧尼禁忌事 家人事
四	＜巻第四＞ 廃置諸司事 加減諸司官員并廃置事	＜巻第六＞ 廃置諸司事 加減諸司官員并廃置事
五	＜巻第五＞ 分置諸国事 加減諸国官員并廃置事 定官員并官位事 定内外五位等級事 定秩限事 交替并解由事	＜巻第七＞ 分置諸国事 加減諸国官員并廃置事 ＜巻第八＞ 定官員并官位事 定内外五位等級事 定秩限事 交替并解由事

<table>
<tr><td colspan="2">〈巻第六〉
□（闕逸）
□（闕逸）
□（闕逸）
□（闕逸）
□（闕逸）
位禄季禄時服馬料事
要劇月料事
公廨事
事力并交替丁事
公粮事
賻物事</td><td colspan="2">〈巻第七〉
公卿意見事
牧宰事
郡司事
諸使并公文事
隠首括出浪人事
正倉官舎事</td></tr>
<tr><td>〈巻第九〉
□（闕逸）
□（闕逸）
□（闕逸）
□（闕逸）
□（闕逸）</td><td>〈巻第十〉
位禄季禄時服馬料事
要劇月料事
公廨事
事力并交替丁事
公粮事
賻物事</td><td>〈巻第十一〉
公卿意見事
牧宰事
郡司事</td><td>〈巻第十二〉
諸使并公文事
隠首括出浪人事
正倉官舎事</td></tr>
<tr><td></td><td>←六→</td><td>←七→</td><td>←十二→</td></tr>
</table>

<table>
<tr><td colspan="2">〈巻第八〉
農桑事
調庸事
封戸事
不動々用事
出挙事
借貸事
雑米事
義倉事
塡納事
鋳銭事</td><td>〈巻第九〉
校班田事
損田并租地子事
易田并公営田事
墾田并佃事
寺田事
諸司田事
職田位田公廨田事
閑廃地事</td></tr>
<tr><td>〈巻第十三〉
農桑事
調庸事
封戸事
不動々用事</td><td>〈巻第十四〉
出挙事
借貸事
雑米事
義倉事
塡納事
鋳銭事</td><td>〈巻第十五〉
校班田事
損田并租地子事
易田并公営田事
墾田并佃事
寺田事
諸司田事
職田位田公廨田事</td></tr>
<tr><td>←八→</td><td>←十四→</td><td>←十五→</td></tr>
</table>

道橋事 船瀬并浮橋布施屋事 山野藪沢江河池沼事 堤堰溝渠事	〈巻第十六〉 閑廃地事 道橋事 船瀬并浮橋布施屋事 山野藪沢江河池沼事 堤堰溝渠事
〈巻第十〉 釈奠事 国忌事 供御事 □（闕逸） □（闕逸） □（闕逸）（但し所収格三通現存） 国諱追号并改姓名事 蠲免事 赦除事 募賞事 文書并印事	〈巻第十七〉 釈奠事 国忌事 供御事 □（闕逸） □（闕逸） □（闕逸）（但し所収格三通現存） 国諱追号并改姓名事 蠲免事 赦除事 募賞事 文書并印事

十六　十　十七

〈巻第十一〉 軍毅兵士鎮兵事 統領選士衛卒衛士仕丁事 健児事 器仗事 関并烽候事 夷俘并外蕃人事 相撲事 国飼并牧馬牛事 駅伝事 材木事	〈巻第十八〉 軍毅兵士鎮兵事 統領選士衛卒衛士仕丁事 健児事 器仗事 関并烽候事 夷俘并外蕃人事 相撲事 国飼并牧馬牛事 駅伝事 材木事
〈巻第十二〉 禁制事 断罪贖銅事	〈巻第十九〉 禁制事 〈巻第二十〉 断罪贖銅事

十八　十九　二十

昭和五十三年、交替式に関する研究をまとめた福井は、同年これらの先行研究をうけて、初めて弘仁格式序文に記されていない「弘仁格」の編纂方針と原格と編纂時とは異なる格について論じたが、[108] その後五十五年にいたって少しずつ「弘仁格」の復原的研究に着手した。[109] 五十六年には川北靖之氏が唐格のわが国の格への影響を指摘され、[110] 五十七年には寒川照雄氏が『明文抄』の古写本を利用して三代格の逸文の蒐集と大系本の誤りを訂正しておられる。[111] 同年小市和雄氏が民部中巻の浮浪・逃亡関連格を利用した論文を発表し、[112] 五十八年には福井が「弘仁格」中の二格を検討した。[113]

昭和五十九年、飯田瑞穂氏が前田家本三代格巻四の復原に関する研究を発表された。[114] 飯田氏の研究は狩野文庫本を参考にされたものであるが、狩野文庫本は抄出本であり、全く省略されたり、梗概のみの格もあるので、氏の研究は貴重であり、今後式部格や兵部格の復原的研究を予定している私どもには大変参考となる。なお、福井も同年格式研究の立場から国司の定員についての研究を発表した。[115] また六十年には、大日方克己氏が律令国家の交通制度に関連して『弘仁格抄』を利用した研究を発表された。[116]

昭和六十一年、笠井純一氏は新たに独自の調査によって、これまでの研究を再検討し、弘仁逸格を整理し、一覧表を作成され、また、弘仁逸格の関連史料の蒐集を行われた。[117] 同年、仁藤敦史氏が「弘仁格」の復原的研究を応用し、内匠寮の研究をした。[118] また、六十三年福井が「弘仁格」の復原的研究を応用し、弘仁期の地方官監察とのちの受領功過定の前駆的制度について論じた。[119]

さらに、近く大林實温氏が弘仁民部格の公廨稲配分に関する弘仁十年十二月二十五日官符（民上13）がなぜ調庸について規定した格の中に配列されるのかという問題について、また傳田伊史氏が格文の存在しない式部格（式上86）の事書と前後の格の配列から格文の内容を推定した研究を発表する予定である。[120]

以上、格の研究について述べてきたが、格の研究が盛行した頃、式についての研究の進歩は格に比較するとそれほどみられなかった。勿論、論文はかなりの数になるが、ここではその主要なものについて述べるにとどめる。

それらには、岡田利文氏の『延喜式』の正税帳式の成立時期についての研究、弘仁主税式勘税帳条の研究(121)、西田長男氏の史料紹介ならびに解説(122)、武光誠氏の記文についての研究等(123)がある。また、かつて虎尾俊哉氏が紹介された『延喜式覆奏短尺草』については、今江廣道氏の翻刻、虎尾氏の研究、吉岡眞之氏の研究(124)があり、そのほか川島晃氏の別式についての研究(125)がある。もとより以上の研究は、他の多くの論文の一部であるが、このように式の研究は最近の格の研究に比較すると、それほど研究が進んでいないともいえる。しかし、本年延喜式研究会が発足し、雑誌も発行される予定であるから、今後式の研究は飛躍的に進歩するものと思われる。

三

以上、格式研究の成果について、主として格を中心にみてきたが、これをうけて今後の研究の課題について、次の五つの問題にわけて私見を述べておく。

㈠　格式と儀式、交替式との一体的研究

この問題に関して、三代の格式序文でその編纂方針として、儀式と交替式のことに言及している(126)。したがって、格式と儀式と交替式とは、本来一体的に研究されるべきである。従来の研究では、とかくこの編纂方針が無視され格式が儀式や交替式と一体的なものであり、研究のゆきつくところこれらを一体的なものとして理解しようとする考えがいまだ十分ではないと思われる。勿論、研究者の中にはそのことを理解して研究を進めている方もあり、それが将来結実することも考えられるのであるが、現段階ではその成果が十分でているとはいえないようである。しかし、本年ようやく延喜式研究会が発足し、弘仁格の復原的研究も第一冊が出版されるという現況では、これは今後に残された最大目標であり、将来の研究にあたっては、常に念頭におくべきことであって、今すぐ常にそうあらねばならないということではない。ただ、儀式の研究では官撰の時代と私撰の時代について、もっと明確にわけて考えるべきではなかろうか。

㈡　中国の礼と法との関係

まず、唐礼と儀式の関係については、坂本太郎氏、岩橋小彌太氏、喜田新六氏、瀧川政次郎氏の研究などがあり、最近の研究としては所功氏の研究などがある。[127]しかし、それらはいずれも部分的なものであって、本格的な研究はまだなされていない。これも今後の研究に俟つところが多い。とくに唐礼のどの部分がわが国の儀式に影響を与え、どの部分がわが国の独自の儀式かということについては、すでに坂本氏が要領よくまとめておられるが、なお今後の研究の進展を期待したい。

次に隋唐の格式のわが格式への影響であるが、格については瀧川政次郎氏や川北靖之氏の研究[128]、式については宮城栄昌氏の研究[129]のほかほとんどないようである。それは隋唐の格式がほとんど残っていないことが最大の原因であろう。しかし、わが国の格式の序文をみると、唐の法典を参照したことが明記してあり、また民上13などから、格式だけではなく令も格式編纂の作業の中で参考とされているから、格式編纂にあたっては唐の法典がかなり参考にされていることが明らかである。それが形式的なものか、それとも内容にも及ぶかは、是非とも明らかにしたいところである。[130]しかし、先述の制約のほか、目下唐代の法の研究は律令に重点があり[131]、格式の研究はそれほど盛んではない。[132]しかし、中国の法とその法の周辺国家へ与えた影響の研究は進展の気運にあるので[133]、この問題も今後に俟つところ大である。ただし、その成果に大きな期待がかけられないのは勿論である。

㈢　それぞれの関連史料の校訂本の作成

この問題については、すでに『儀式』『内裏式』が『神道大系』朝儀祭祀編一に収められ、『類聚三代格』も同大系に収められる予定である。また狩野文庫本は影印・校合本が近く吉川弘文館から刊行される。東寺観智院本の『類聚三代格』は天理図書館善本叢書に、[134]さらに、『弘仁式断簡』は『古簡集影』にそれぞれ収められている。あとは儀式関係では『内裏儀式』の校訂本、格式では『延喜式』のより良い校訂本の作成が必要で、『延喜式』については目下虎尾俊哉氏が行っておられ、『神道大系』に収められる予定である。また弘仁・貞観の式の逸文を収める『本朝月令』を初めとする諸書の校訂本の作成が必要である。『本朝月令』その他の刊本には誤りもあり、これらをもとにした弘仁・貞観両式の逸文を蒐めたものは今日の研究水準からすれば不十分な点もあるので、[135]これらの校訂本の作成も今後の課題である。なお、このことに関連して、『法曹至要抄』の影印本が『神宮古典籍影印叢刊』第七巻に収められており、『法曹至要抄』『裁判至要抄』の影印本が『陽明叢書』記録文書篇、第七輯、法制史料集として近く刊行される。交替式はいずれも孤本であるから影印本の刊行が望ましい。

格式、儀式、交替式に関連して、『続日本紀』等の校訂本も必要となるが、『続日本紀』については注釈書が近く刊行されるので、新しい校合が行われることになる。[136]これにつぐ『日本後紀』の唯一の古写本が天理図書館善本叢書和書之部第二十八巻に影印本として収められている。また『類聚国史』は、わずか一六五、一七一、一七七、一七九の四巻のみであるが『尊経閣叢刊』に収められている。

次に、『政事要略』は三代の格や弘仁・貞観両式の逸文もわずかではあるが引いているので、格式研究には欠かせない史料である。ところが新訂増補国史大系本の不備が指摘されており、[137]新しい校訂本の欲しいところである。

しかし、『政事要略』は取合せ本が多く、写本の系統図を作るのも難しい状態なので、[138]今後の大きな課題となろう。また、弘仁の格文を引く『令集解』にもまま校訂の誤りがあるが、同書の研究は多く、また石上英一・水本浩典両氏による写本研究があるので、[139]『政事要略』とともに新しい校訂本ができるまでは、善本にあたり研究を行うべきである。また、校訂本には完璧は望めないので、新しい校訂本ができても、最も重要と思われる部分で疑問な点があれば、直接善本にあたるべきである。

また、逸文については和田英松『国書逸文』のあとをうけて、国書逸文研究会の『国書逸文研究』が逸文蒐集に大きな役割をはたしてきたが、格式、交替式については、なお努力すべきであろう。[140]

㈣ 復原的研究

この問題については、すでに『内裏式』や『貞観交替式』上巻についての復原試案もでている。[141]格については瀧川政次郎、吉田孝両氏の研究の驥尾に附し、現在私どもは復原的研究をとおしてすでに若干の研究成果をあげているが、実際に『弘仁格抄』の格の配列に従って格文を読んでみて、従来の格の史料としての訓み方にかなり疑問がでてくることがわかった。[142]弘仁の格の復原が完了すれば、完全な復原はできないにしても、そこから若干、貞観・延喜の格について、復原的研究も可能であろう。また、式についてもかつて宮地直一が『延喜式』の鼇頭標目を研究の対象としているが、[143]その研究方法が有効か否かを含め延喜式研究会の今後の研究に期待したい。

㈤ 注釈的研究

格式、儀式、交替式の注釈は、江戸時代のものを除けば、瀧川政次郎氏の研究が初めてであり、ついで虎尾俊哉氏の研究があるのみである。[144]このうち、『延喜式』の注釈的研究はかつて虎尾氏が提唱され、また実際に注釈書を出版される予定とのことである。しかし、全五十巻の注釈には個人ではおのずから限界があるので、これも延喜式研究会の今後に期待したい。格と儀式、交替式についても今後注釈的研究が必要なことはいうまでもない。

以上、格式研究の課題を五つにまとめてみたが、(二)〜(五)をとおしてまず(一)を実現し、さらにかつて坂本太郎氏が述べられたような格式のとらえ方(145)や石母田正氏の述べられた格式のとらえ方(146)をこえたとらえ方をすべきであろう。すなわち、次々と解明が進む平安時代の社会の中で、格式、儀式、交替式を一体的にとらえ、その新しい位置づけを行うことが、格式研究の今後の課題であろう。

四

以上、格式研究の成果と課題と題して述べてきたが、短期間のうちに成稿したので、当然挙げるべき論文を落したり、単純ミス、誤解にもとづく妄評も多いことであろう。式や儀式、交替式については予めお断りしたように多くを省いたが、格の研究には諸文庫の目録をみると江戸時代から明治初期にかけての国学者の世に埋もれた業績も多い。そうした業績の紹介や本稿の訂正、追加を含め今後出版予定の続篇に収載したいと考えている。先学のご叱正をお願いして、ひとまず擱筆する。

註

（1） 宮城栄昌『延喜式の研究』論述篇、八五頁。

（2） 川島晃「『別式』について――日本古代法の編纂・運用と付属法令――」（日本古代・中世『研究と資料』二、昭和六十二年）。

（3） したがって、これらの式は、巻十二、中務省式の詔書式、同内記式の五位已上位記式などを除くと、『延喜式』には規定されていない。

(4) ただし、当時これを式といったか否かは明らかではない。ここでは広義の式としておく。

(5) 拙稿「国司の定員と格式」（早稲田大学大学院『文学研究科紀要』二九）。

(6) 関市令用称条の格は横木のことを意味し、格式とは関係がない。

(7) 264（民中１）勅　天平宝字四年七月二十三日＝『類聚三代格』巻八、封戸事、天平宝字四年七月二十三日勅。ただし、これは勅文そのものが別勅にあたるのではなく、勅に引かれているものである。そこでは、勅とは明記されていないが、前掲の令の規定から判断して、それは別勅であろう。

(8) 『続日本紀』同年三月丙寅条。

(9) 『続日本紀』同年二月庚辰条。両年の改定は「弘仁格」にも式上3、民上28などとして収められている。なお、格については吉田孝「律令と格」（『古代の日本』９）も参照。

(10) 『続日本紀』天平宝字三年六月丙辰条。

(11) 『続日本紀』天平宝字六年九月乙巳条。

(12) 『類聚国史』巻百七、職官部十二、弾正台、同年閏十一月壬午朔条、『日本紀略』同日条。

(13) 『類聚国史』巻百四十七、文部下、律令格式、同年六月癸亥条。

(14) 『日本後紀』延暦十八年二月乙未条。

(15) 林陸朗「桓武天皇の政治思想」（山中裕編『平安時代の歴史と文学』歴史編）。

(16) 以上、『本朝法家文書目録』。

(17) 『日本後紀』同年十二月戊戌条。

(18) 以上、延暦期の記述は、虎尾俊哉『延喜式』、佐伯有清『新撰姓氏録の研究』研究篇に依拠するところが多い。

(19) なお、『内裏儀式』と『内裏式』の関係については、不明なところも多いが、前者の方が古いと考えるのが通説的な理解である。

(20) 『日本後紀』弘仁六年正月丁亥条、同年四月癸亥条。

(21) 『日本紀略』弘仁十年九月乙酉条、弘仁格式序。ただし、弘仁格式序は天皇の勅ではないが、嵯峨天皇の時代に作られた公的なものであるから、勅に準じてもよいであろう。
(22)　本書二五三頁〜二五七頁。鎌田元一「弘仁格式の撰進と施行について」（大阪歴史学会編『古代国家の形成と展開』）。
(23)　以下、貞観の格式及び延喜の格式についても同じ。
(24)　前掲註(5)拙稿参照。
(25)　『三代実録』同日条、『類聚三代格』巻一、序事、『本朝文粋』巻八。
(26)　『類聚三代格』巻十七、文書幷印事、貞観十一年九月七日官符。
(27)　『類聚三代格』巻十七、文書幷印事、貞観十年閏十二月二十日官符。
(28)　このことに関連して、佐藤誠実「貞観格約解」（『国学院雑誌』六の一二、七の一）は、天長八年七月二十七日官符をあげて、「類聚する時に分ちてか、又はたまたま誤りて二処に出ししにてもあるべし」としている。この格は新訂増補国史大系本三代格では二七三頁と五七四頁に収められている。そして後者は相撲事のところにあり、鼇頭標目も「貞民」となっている。これに対し、前者は事力幷交替丁事に収められており、同書二七二頁の二つの貞観十二年十二月二十五日官符と二七三頁から二七四頁にかけての大同四年正月七日官符の四格にはいずれも鼇頭標目がない。渡辺寛氏は註(92)の鼇頭標目についての論文で天長八年官符を重出、貞民格とされる。しかし、貞観十二年格は前田家本のみにあって、追筆されたものという吉田孝氏註(98)解説の推定があり、これら四つの格は格の内容からいっても、ここに収められるのは不自然である。それゆえ事力幷交替丁事に収められている格は、大同三年、天長二年、承和元年、貞観八年の四官符のみであって（二七〇頁〜二七一頁）、二七二頁から二七四頁の一行目までの四格はいずれも三代の格文ではなく、したがって現存『類聚三代格』からは、「貞観格」の編纂方針と食違う格は発見できないというべきであろう。
(29)　新訂増補国史大系本『類聚三代格』四三四頁、四三七頁参照。
(30)　『三代実録』同日条。
(31)　『類聚三代格』巻十七、文書幷印事、貞観十三年十月二十二日官符。
(32)　虎尾俊哉「貞観式の体裁──附『式逸々』──」（『史学雑誌』六〇の一二、のち同『古代典籍文書論考』に収める）。
虎尾氏は、「貞観式」で廃止された条文は、前式……の形式によったものか、或いは全然示されなかったか、または廃止された場合はなかったかの何れかであろうが、何とも決しがたいとされている。私は、「貞観式」編纂のさい「弘仁式」を廃止したものがあると推定しているので、廃止の場合も前式……として廃止した旨を明記したものと推定しておく。拙著『交替式の研究』研究篇、第八章第六節参照。

(33) 坂本太郎「延喜格撰進施行の年時について」(『歴史教育』一〇の六、昭和十年九月、のち同『日本古代史の基礎的研究』下、制度篇に収める。坂本太郎著作集では第七巻)。

(34) 所功「『延喜格』の編纂と三善清行」(『古代文化』二二の九)。

(35) 以上、『公卿補任』による。

(36) 『大日本史料』一之三、七二六頁〜七三〇頁。同四七九頁〜四八一頁も参照。

(37) 前掲註(32)拙著研究篇五〇六頁〜五〇八頁参照。

(38) 『日本紀略』同日条。

(39) 『類聚三代格』巻一、序事、『本朝文粋』巻八。

(40) 前掲註(32)拙著研究篇五四四頁。

(41) 上延喜式表。

(42) 所功『平安朝儀式書成立史の研究』六九頁。

(43) 『別聚符宣抄』同日官符。

(44) ただし、『政事要略』は、必要に応じ弘仁・貞観の両式も引いている。

(45) この二つの表は、格については吉田孝註(98)解題の表を参考に私見を加えて作成した。また、式については虎尾俊哉『延喜式』二三四頁以下の表を参考にし、私案をつけ加えた。両氏の表は『本朝法家文書目録』にもとづくわけであるが同目録の研究はなされていない。そこで、式については便宜全面的に虎尾氏の表に依拠した。なお写本を精査し、後考を俟ちたい。なお式の所収期間についてはよくわからないので表示しなかった。「弘仁式」は大宝元年から弘仁十年まで、「貞観式」は『三代実録』貞観十二年十二月二十五日条、及び前掲註(32)拙著研究篇第八章第六節から弘仁十一年から貞観十二年でよいと思われる。『延喜式』は大宝元年から延長四年までか。

(46) 儀式については神谷正昌「平安時代儀式書関係文献目録」(『史学研究集録』一三)が参考になる。交替式については、前掲註(32)拙著研究篇第一章、増淵徹「平安前期国司監察制度の展開について」(『古代史研究の最前線』第2巻)等参照。

(47) 『国書総目録』の『偽類聚三代格考』参照。現存する写本は必ずしも冊数は同じではないが、それを見ると偽書が十二巻であったことがわかる。恐らく『類聚三代格』が十二巻であるというのは、当時の常識であったのであろう。なお、無窮会神習文庫の『偽類聚三代格考』上、下二冊には「井上頼圀」の朱印のほか「青山」という朱印が捺してあり、青山堂枇杷麿の蔵書印かと思われる。また、上の奥書に、

昭和九年五月七日以京都羽倉氏蔵春満自筆本校合畢　三宅清、右三宅氏ヨリ借写ス

林正章

また下の奥書に

昭和九年五月九日以京都羽倉氏蔵春満自筆本校合畢　三宅清

右校合本ヲ借写ス　林正章

と朱書してある。これらは同筆であるが三宅清まではやや濃く、右以下はやや薄く書いてある。林正章氏は無窮会に関係ある人であり、三宅清氏は国学の研究者。羽倉氏とは羽倉敬尚氏のことで、『東洋文化』復刊第五号に「邦人傑僧雲仙三蔵の建碑」を執筆されている。以上、無窮会の俣野太郎氏のご教示による。

(48) 荷田在満『羽倉考』巻一、「答人偽書考十三条」。これは『偽類聚三代格考』のように、遂一その否なることを記したものではなく、まず六冊のいわゆる「弘仁式」なるものが、『延喜式』から抜書きして、少々文字を改めたものであることを記し、その理由を十三条にわたって論じたものである。『荷田全集』第七巻三〇一頁〜三〇五頁参照。なお、三十巻の「弘仁式」の偽書は蓬左文庫などにある。『名古屋市蓬左文庫図書目録』一七〇頁参照。

(49) 『平田篤胤全集』十二。

(50) 小浜市立図書館編『酒井家文庫綜合目録』二一五頁。なお信友は、伴信近と共編で『伴信友雑纂』を編纂しており、その第七冊目に『類聚三代格抄』を収めている。同目録一一頁参照。

(51)『伴信友全集』第四。

(52)新訂増補国史大系本『類聚三代格』四八四頁参照。なお、嘉永四年の追刻の前後であろうか、巻十五、巻十六のみの写本がある。すなわち、無窮会神習文庫の南都本、及び尊経閣文庫の『刻外類聚三代格』等が存在する。

(53)新訂増補国史大系本『類聚三代格』一〇六頁参照。

(54)福井保『江戸幕府刊行物』三三五頁。ただし、静嘉堂文庫には、「松井蔵書」「内藤耻叟」の蔵書印のある温古堂旧蔵の摺本三冊がある。現在は表装され、「蔵板校　合摺」と記されているが、第一冊は神封物并租地子事の元慶八年九月八日官符の途中から、第二冊は年分度者事の部分のみ、第三冊は国分寺事と定額寺事の貞観十年六月二十八日官符の途中までの極めて限定されたものである。

(55)自筆本でなく写本。なお『神習文庫目録』には『類聚三代格考異』とある。また、この考異は前田家本だけのものではない。栗田は本書の巻頭で享禄本の出版を自賛している。

(56)この前田家本の存在を知らなかった村岡良弼は、明治十二年に先の和学講談所の『格逸』とは別に『格逸』を編纂し家蔵とした。無窮会神習文庫蔵『格逸』参照。

(57)目録には『前田家類聚三代格記』とある。

(58)栗田には、このほかに格式の研究はないようで、わずかに「貞観儀式考」が『栗里先生雑著』巻十二にあるのみであるようだ。

(59)佐藤誠実「律令考」(『国学院雑誌』五の一三・一四、六の一・二・三)。同「弘仁格式序約解」(『国学院雑誌』六の一〇・一一)。同「貞観格序約解」(『国学院雑誌』六の一二、七の一)、同「延喜格序約解」(『国学院雑誌』七の二・三)、同「貞観式序約解」(『国学院雑誌』九の七・八)。同「上延喜格式表約解」(『国学院雑誌』九の一〇・一一)、同「延喜式序約解」(『国学院雑誌』九の一一、一〇の一一)。同「延喜式序約解余論」(『国学院雑誌』一〇の四)。

(60)佐藤誠実については、瀧川政次郎「佐藤誠實の律令学」(『国学院法学』五の三)参照。

(61)和田英松『国史説苑』三〇四頁。

(62)『本朝法家文書目録』については、『史学雑誌』四七号(明治二十六年十月)に、小中村清矩が解題を書いている。

(63) 明治三十九年のことで、萩野由之と和田英松が監修した。
(64) 「延喜式撰上一千年記念展覧会陳列目録」(『国学院雑誌』三三の三、昭和二年)。
(65) 「延喜式撰上一千年紀《(マヽ)》年講演会」(『国学院雑誌』三二の一二、大正十五年)。なお、この時の和田英松の講演の内容は、前掲和田英松註(61)書に収める。
(66) 『史学雑誌』三五の七参照。
(67) 瀧川政次郎「九条家弘仁格抄の研究」(『法学史林』二八の五・六・七・八)、同「弘仁格抄の研究」(『法学史林』二八の九・一〇・一一・一二、大正十五年、のち『律令格式の研究』法制史論叢第一冊に収める)。なお、瀧川氏は自分の研究の貢献を同書三三〇頁に六つにわけて挙げておられる。これは研究史上よりみた場合参考となる。再収にあたり、活字を新しくし、また異字一覧表など一部を省略してある。翻刻の部分には、再収時の校正ミスもあるように思われる。『法学史林』を簡単にみることができる読者は、雑誌の方も参照されたい。なお註(88)(97)参照。
(68) 『史学雑誌』三四の六参照。
(69) 瀧川政次郎「弘仁主税式注解」(『法学新報』三六の七〜一二、三七の二・四・一〇〜一二)。この注解も前掲註(67)書に収める。
(70) 坂本太郎前掲註(33)論文。
(71) 本書二八四・二八五頁の表の最上段参照。なお、この稿本の詳細については別稿に譲る。
(72) 宮城栄昌「弘仁・貞観式逸」(『横浜国立大学人文紀要』第一類七)。
(73) これらの研究は、「例の研究」などとともに、虎尾氏の前掲註(32)書に収められている。
(74) 虎尾俊哉「延喜主税式勘税帳条の研究」(『弘前大学国史研究』一二)、同「延喜主税式諸国出挙本稲条の研究」(『弘前大学国史研究』一九・二〇)。
(75) 瀧川政次郎「唐兵部式と日本軍防令」(『法制史研究』二、のち瀧川前掲註(67)書に収める)。ただし、これに対して仁井田陞「唐軍防令と烽燧制度」(『法制史研究』四)の反論があり、林紀昭氏も註(88)の書評で瀧川説に反対されている。
(76) 岩橋小彌太「格式考」(『国史学』六二、のち同『上代史籍の研究』第二集、同増補『上代史籍の研究』下巻に収める)。

(77) 笹山晴生「中衛府設置に関する類聚三代格所載勅について」(『続日本紀研究』二の九。のち、同『日本古代衛府制度の研究』に収める)。笹山氏は再収にあたり、新しい研究成果をふまえ補訂されている。同一三三頁〜一五一頁参照。

(78) 野村忠夫「桓武朝後半期の一・二の問題――延暦十四年十月八日格を中心に――」(『古代学』一〇の二・三・四合併号、昭和三十七年。のち同『律令官人制の研究』第二篇第二章に「官人出身法の構造――慶雲三年二月十六日格をめぐって――」として収める。また同『律令官人制の研究』増補版にも収める)。

(79) 林陸朗「蔭と貢挙との関係――慶雲三年二月十六日格の解釈――」(『続日本紀研究』七の五)。なお、野村忠夫氏は喜田新六「令の官吏任用制度とその実際」(『中央大学文学部紀要』史学科五、のち同『令制下における君臣上下の秩序について』第一編第三章に収める)にも批判的な説をだしておられる。

(80) ただし、野村氏の格の配列についての考察には、なお検討の余地があり、それに関連した論考を仁藤敦史氏が近く『歴史学研究』に発表する予定である。

(81) 丸山忠綱「墾田永世私財法について」(『法政史学』一三)。

(82) 山本信吉「格式――弘仁格式序を中心に――」(『日本歴史』一九四)。

(83) 瀧川政次郎「唐格式と日本格式」(『石田博士頌寿記念東洋史論叢』。のち、瀧川政次郎前掲註(67)書に収める)。

(84) 亀田隆之「『弘仁格抄』と『類聚三代格』」(新訂増補国史大系『月報』29、のち同『日本古代制度史論』に収める)。

(85) 菊地康明「大同三年十一月官奏所載の大宝元年格について」(新訂増補国史大系『月報』52)。

(86) 山本信吉「三代実録、延喜格式の編纂と大蔵善行」(『歴史教育』一四の六)。

(87) 吉田孝「墾田永世私財法の変質」(寶月圭吾先生還暦記念会編『日本社会経済史研究』古代中世篇、のち同『律令国家と古代の社会』に「墾田永年私財法の変質」として収める)。

(88) 本書については、『法制史研究』一九の瀧川氏の著書に関する林紀昭氏の著書論文紹介参照。なお、本稿でとりあげた瀧川氏の研究については、みなこの紹介参照。

(89) 鬼頭清明「令集解所収格と弘仁格について」(『大和文化研究』一三の三)。

(90) この点について吉田孝氏は、飯田瑞穂氏の御教示によるとして、『西宮記』巻十、殿上人事の「奉公之輩、可設備文書」

のなかの「三代格各十巻、今案有十二巻」と関係があるかも知れないとされている。註(98)の吉田氏の解題の註(10)参照。

(91) 渡辺寛「類聚三代格の基礎的研究」（『芸林』二〇の三）。本書二九四頁〜二九六頁の三代格の復原目録参照。この復原目録は本稿では便宜渡辺氏の註(103)論文によったが、本来ならここに掲げるべきものである。

(92) 渡辺寛「類聚三代格の成立年代」（『皇学館論叢』二の三）。ただし、『延喜式』の編纂に刺激されて、格についても三代の格を総合した一書の編纂がこの前後の時期に要請され、延長のころ三代の格の総合書として『類聚三代格』はその編纂が企画されたのではないかとされているが、この点については疑問が残る。また、渡辺氏は翌年「類聚三代格の鼇頭標目」（『皇学館大学紀要』八）を発表されているが、その細部については検討の余地がある。

(93) 所功「弘仁格式の成立」（『歴史教育』一八の八）。

(94) 所功前掲註(34)論文。

(95) 渡辺寛「類聚三代格の編纂方針」（『歴史教育』一八の八）。

(96) 飯田瑞穂「『類聚三代格』の欠佚巻に関する一史料について」（『日本歴史』二七〇）。

(97) 林紀昭「弘仁格抄刊本に見える異同について」（『続日本紀研究』一五〇）。

(98) 吉田孝「類聚三代格」（『国史大系書目解題』上）。

(99) この点については、すでに指摘したように、渡辺氏の誤りである。

(100) この問題に関しては、『本朝法家文書目録』にみえる三代格の篇目に対する評価の違いがある。結果的には吉田氏の復原案は誤りであることが明らかになったが、平安時代の史料の多くは、基礎的な史料批判がされずに利用されている。研究のおくれている分野であるが、今後は一層の史料批判が必要となろう。

(101) 吉田氏も現存の「弘仁格」文は承和七年施行のものと推定されている。吉田孝前掲註(98)解題の註(2)参照。

(102) 吉田孝前掲註(9)解説参照。

(103) 渡辺寛「類聚三代格の復原に関する若干の問題点」（『皇学館大学紀要』一一）。

(104) 同年の渡辺寛「令集解と格」（『皇学館大学紀要』一〇）は「弘仁格」を利用した『令集解』の研究であり、かつそれ以前に発表されたものである。なお、天理図書館善本叢書和書之部第十三巻『古代史籍続集』に収められた三代格観智院本に関する渡辺寛氏の解題は貴重なものである。

(105) 渡辺寛前掲註(103)論文による。

(106) 熊田亮介「類聚三代格復原に関する覚書」(『歴史』四九)。

(107) 鎌田元一前掲註(22)論文。

(108) 拙稿「弘仁格の編纂方針について」(『史観』九八)。

(109) 拙稿「霊亀三年五月十一日勅について」(『日本歴史』三八五)、同「国の等級と格式」(『史聚』一三)。

(110) 川北靖之「神亀五年七月廿一日格について――唐格の将来に関連して――」(『皇学館大学史料編纂所報』四二)。

(111) 寒川照雄「『明文抄』所引の『三代の格』――『類聚三代格』の逸文と校訂をめぐって――」(『中央史学』五)。

(112) 小市和雄「浮浪・逃亡対策の再検討――『得本貫』『無貫』――」(『続日本紀研究』二二三)。

(113) 拙稿「弘仁格二題」(『日本歴史』四二一)。

(114) 飯田瑞穂「『類聚三代格』巻第四の復原に関する覚書」(『中央大学文学部紀要』史学科二九)。

(115) 拙稿「国司の定員と格式」(早稲田大学大学院『文学研究科紀要』二九)。なお、この問題に関連して小市和雄「『国の等級』覚書」(早稲田大学大学院『文学研究科紀要』別冊一一、哲学・史学編)がある。

(116) 大日方克己「律令国家の交通制度の構造――逓送・供給をめぐって――」(『日本史研究』二六九)。

(117) 笠井純一「『弘仁格抄』と『弘仁格』逸文」(『金沢大学教養部論集』人文科学篇二三の二)。

(118) 仁藤敦史「内匠寮の成立とその性格」(『続日本紀研究』二三九)。

(119) 拙稿「弘仁期地方官監察についての一試論」(早稲田大学大学院『文学研究科紀要』三三、哲学・史学編)。

(120) 前者は『日本歴史』に投稿中、後者は『続日本紀研究』二六〇号に掲載予定。なお、註(80)参照。

(121) 岡田利文「『延喜式』収載の正税帳書式の成立時期について」(『歴史』四九、昭和五十一年)、同「弘仁主税式勘税帳の研究」(関晃先生還暦記念『日本古代史研究』、昭和五十五年)。

(122) 西田長男編集解説『九条家旧蔵冊子本延喜斎宮式』(昭和五十三年)。

(123) 武光誠「記文と律令政治」(山中裕編『平安時代の歴史と文学』歴史編、昭和五十六年。のち武光誠『日本古代国家と律令制』に収める)。なお、この問題に関して、早川庄八「『天慶』と『天応』」(『日本歴史』四一七、昭和五十八年)参照。

(124) 今江廣道「資料紹介 延喜式覆奏短尺草写」(『書陵部紀要』二四、昭和四十八年)。虎尾俊哉「『延喜式覆奏短尺草』について」(『国立歴史民俗博物館研究報告』六、昭和六十年)、吉岡眞之「『延喜式覆奏短尺草写』の一問題」(『日本歴史』四五九、昭和六十一年)。

(125) 川島晃前掲註(2)論文。

(126) ただし、延喜格序は交替式のことに言及していない。しかし、これは第一節で既に述べたように、同格の撰進後に交替式の編纂が開始されたためであった。

(127) 坂本太郎「儀式と唐礼」(『日本諸学振興委員会研究報告』一一〈歴史学〉、同『日本古代史の基礎的研究』下、坂本太郎著作集では第七巻)。岩橋小彌太「儀式考」(同『上代史籍の研究』第二集、同『増補 上代史籍の研究』下巻)。喜田新六「王朝の儀式の源流とその意義」(『中央大学七十周年記念論文集』文学部編。のち同『令制下における君臣上下の秩序について』第二編第一章に収める)。瀧川政次郎「江都集礼と日本の儀式」(岩井博士古稀記念『典籍論集』)、同「大唐開元礼と貞観儀式」(『儀礼文化』七)、所功前掲註(42)書第二篇。

(128) 瀧川政次郎前掲註(83)論文。川北靖之前掲註(110)論文。

(129) 宮城栄昌『延喜式の研究』論述篇第四篇第二章第二節。

(130) この問題について、まず参照すべき文献としては、仁井田陞『中国法制史研究 法と慣習・法と道徳』法と慣習第三部所収の諸論考がある。

(131) 武光誠「日中律令制比較研究関係文献目録」(『東洋文化』六〇)、上野利三「日本史料にみえる唐令逸文」(『日本歴史』四〇八)、栗原益男「逸文からみた令についての若干の考察」、池田温「〈唐令拾遺補〉編纂をめぐって」(ともに唐代史研究会編『律令制――中国朝鮮の法と国家』)、石田勇作「隋開皇律令から武徳律令へ――律令変遷過程の整理(1)――」(栗原益男先生古稀記念論集『中国古代の法と社会』)など参照。

(132) 昨年、岡野誠「敦煌発見唐水部式の書式について」(『東洋史研究』四六の六)が公けにされた。しかし、水部式にあたるわが国の式はないから、当然のことながら、わが国の式との関係については言及されていない。

(133) 註(131)の二冊の論集や初の日中韓三国研究者による『東アジア世界史探究』の刊行は、今後こうした研究がわが国だけでなく、中国や韓国などでも行われることを示しているであろう。

(134) 前掲註(104)参照。

(135) このことについては、清水潔氏のご教示による。

(136) なお、『続日本紀』については、京都大学大型計算機センターにおいて、『延喜式』については、奈良国立文化財研究所において、それぞれデータベース化が行われている。

(137) 押部佳周「政事要略の写本に関する基礎的考察」(広島大学『学校教育学部紀要』第二部第五巻)。

(138) この点についても、清水潔氏のご教示を得た。

(139) 石上英一「『令集解』金沢文庫本の行方」(『日本歴史』三七一)、水本浩典「『令集解』諸本に関する基礎的研究」(『法制史研究』二九)など。

(140) 弘仁・貞観の式逸については、国書逸文研究会から公刊される予定で、これも虎尾俊哉氏が担当される。

(141) 所功前掲註(42)書第一篇第一章第三節。前掲註(32)拙著研究篇第八章第三節。

(142) 未発表の論文であるが、第二節の終りに挙げた仁藤敦史・大林實温・傳田伊史三氏の研究は、これ迄発表されているものと合わせて格の研究の重要なことを示す論文だと思われる。註(119)参照。

(143) 本書二八六頁参照。

(144) 註(69)(74)参照。

(145) 坂本太郎「律令の変質過程」(同『日本古代史の基礎的研究』下、坂本太郎著作集では第七巻)。

(146) 石母田正「古代法」(岩波講座『日本歴史』4、古代4、石母田正著作集では第八巻)。

〔追記〕本稿作成にあたり国立国会図書館、静嘉堂文庫、尊経閣文庫、内閣文庫、無窮会のお世話になった。記して深謝する。

また、本稿は昭和六二・六三年度文部省科学研究費補助金一般研究(C)の研究成果の一部である。

〔校正時追記〕　本稿作成後、本来なら当然記すべき論文のあることを知った。重ねて先学のご示教をお願いする。また、第一回延喜式研究集会における、早川万年氏の延喜式の板本についての研究発表により、延喜式の板本について訂正すべきことがあることを知り、さらに、虎尾俊哉氏の記念講演「延喜式雑観」を拝聴し、延喜式についての部分についても改めるべきことの多いことを悟ったが、共に本稿に生かすことができなかった。書き洩らした論文とともに、続篇に収載したいと考えている。なお嗣永芳照氏より、註(44)の羽倉氏については他に記すべきことがあるとのご示教を賜ったが、ここでは便宜省略し、これも別稿にゆずる。さらに、追刻本を含まない十二冊本の三代格の板本が存在するのを見落していたが、これもまた別稿にゆずる。

史料編年索引

凡　例

一、この史料編年索引は、本文篇の格勅類の編年索引である。
一、格の番号、例えば1は、弘仁民部格上の1を示す。
一、同日格ないし同日条の場合は、格の番号の下に、特に各史料の所在を示す記号を付した。例えば20Ｂ①のごとくである。
一、**太字**は、弘仁民部上所収格である。

(格 勅 類)	(格番号)	(頁)
大化二年		
正・甲子朔条	18	一三
白雉三年		
正・己未朔条	18	一三
大宝二年		
二・丙辰条	19	一一九
二・丙辰条	28・29	一七八
大宝三年		
十一・癸卯条	1・2	八
慶雲元年大宝四・五・十改元		
六・十九格	18	一一三
六・十九格	19	一一九
慶雲三年		
二・十六勅	7	三五
二・十六格	7	三六

二・庚寅条	7	三七
二・十六勅	28	一七五
二・庚寅条	28	一七五
二・十六格	28	一七六
九・十格	18	一一〇
九・丙辰条	18	一〇九
九・二十勅	18	一〇九
九・二十格	18	一一〇
九・二十勅	19	一一九
九・二十勅	20 B ①	一二六
九・二十勅	20 D ①	一二一
和銅元年慶雲五・正・十一改元		
閏八・十官符	24	一五三
和銅五年		
五・甲申条	1・2	八
五・十六格	32	二〇六
五・乙酉条	1・2	八
十・乙丑条	27	一七一
和銅六年		
二・壬子条	9	四八
二・十九格	9	四八
二・十九格	18	一一三
二・十九格	28・29	一七九
二・壬子条	28・29	一七九
三・壬午条	1・2	九
三・壬午条	30	一八九
十・七詔	28・29	一六八
霊亀元年和銅八・九・二改元		
五・辛巳朔条	1・2	九
五・甲午条	10	五五
五・甲午条	33	二一五
五・十九格	28・29	一七九
霊亀二年		
四・乙丑条	1・2	九
養老元年霊亀三・十一・十七改元		
四・癸未条	9	四八
五・十一勅	19	一一七
五・十一勅	20	一二六
五・辛酉条	19	一一九
十一・八官符	28・29	一七九
十一・甲辰条	28・29	一七九
十一・二十二勅	9	四五
十一・戊午条	9	四五
十二・二格	9	四七
養老二年		
六・丁卯条	7	三八
養老三年		
五・辛亥条	9	四七
六・癸酉条	23	一四六
七・庚子条	1・2	一〇
七・十九格	1・2	一〇
養老四年		
三・己巳条	22	一三九
三・己巳条	27	一七一
三・己巳条	30	一八九
養老六年		
閏四・乙丑条	22	一三九
養老七年		

八・二十八官符	12	七二
神亀元年養老八・二・四改元		
正・二十二格	32	二〇六
三・甲申条	30B③	一八九
三・甲申条	30C①	一九〇
——格	20	二一八
神亀五年		
三・二十八官奏	37	二二六
四・辛巳条	27	一一七
天平元年神亀六・八・五改元		
三・癸丑条	9	四八
九・庚寅条	15	九八
天平三年		
十一・丁卯条	1・2	三
十一・癸酉条	1・2	三
天平四年		
五・乙丑条	34	二二

天平六年		
正・丁丑条	31	一九六
正・庚辰条	30	一九一
——格	28・29	一八四
天平七年		
閏十一・壬寅条	1・2	三
天平八年		
四・——格	28・29	一八四
五・辛卯条	9	四八
十一・十一官符	31	一九七
天平十年		
三・九符	31	一九九
天平十四年		
八・丁酉条	34	二二
天平十六年		
九・丙戌条	1・2	三

天平十七年		
十一・二十七官奏	13	七九
十一・庚辰条	13	八〇
十一・二十七官奏	30	一九一
十一・二十七官奏	34	二二
天平十八年		
十二・丁巳条	1・2	一四
天平二十年		
——格	30	一九一
天平勝宝六年		
九・丁未条	20	二一八
九・丁未条	22	一四〇
天平勝宝七年		
七・五官宣	13	八〇
天平勝宝八年		
十・丁亥条	33	二二六

天平宝字元年（天平勝宝九・八・十八改元）		
十・一式	13	八三
十・十一官宣	13	八五
十・十一官宣	30	一九一
天平宝字二年		
五・丙戌条	34	二三〇
五・二十九官符	29	一六六
天平宝字三年		
九・戊寅条	9	四九
天平宝字四年		
八・七勅	34	二一九
八・甲子条	34	二一九
天平宝字七年		
三・二十四官符	24	一四四
三・丁卯条	24	一四四
天平宝字八年		
十・甲戌条	9	五〇

神護景雲二年		
三・乙巳朔条	30	一九〇
九・壬辰条	27	一七一
神護景雲三年		
三・二十四左大臣宣	15	九七
三・乙未条	15	九七
十一・己丑条	8	四一
宝亀元年（神護景雲四・十・一朔改元）		
四・癸巳朔条	8	四一
宝亀三年		
六・二十格	32	二〇八
八・十五格	13	八三
十二・己未条	34	二二二
宝亀五年		
八・甲申条	37	二三六
八・十七格	37	二三七
――格	28・29	一八二

宝亀六年		
六・二十七格	10	五五
宝亀八年		
三・二十六格	37	二三七
宝亀十年		
八・庚申条	10	五六
八・二十五官符	10	五五
天応元年（宝亀十二・正・一朔改元）		
六・戊子朔条	1・2	一四
八・二十八格	10	五六
延暦二年		
三・二十二官符	16	一〇〇
延暦四年		
五・戊午条	10	五六
七・丁巳条	24	一五五
七・辛酉条	10	五六

延暦五年

四・十一勅	1	三
四・庚午条	1・2	五
四・十一勅	10	五六
四・十九官奏	2	三
六・己未朔条	13	八二

延暦六年

七・丙子条	10	五六

延暦七年

九・庚午条	22	一四〇

延暦八年

五・丙辰条	10	五七
八・十一官符	37	二三三
八・十一格	37	二三四

延暦十一年

十一・二十八官符	23	一四七
十一・二十八官符	24	一五五
十一・二十八官符	26	一六七

延暦十四年

七・二十七官符	10	五七
閏七・乙未朔条	22	一四〇
閏七・二十一官符	22	一四一

延暦十五年

十・二十一官符	26	一六六
十一・十三官符	5	三一
十一・庚子条	5	三一
十二・二十八官符	21	一三五

延暦十六年

正・二十三官符	10	五六
三・甲午条	32	二〇八
四・十三官符	35	二二六
四・十六官符	4	二九
六・庚申条	20	一二八

延暦十七年

正・甲辰条	30	一九一
正・甲辰条	31	一九九
正・甲辰条	36	二三一

四・十六官符	8	四〇
六・乙酉条	31	二〇〇

延暦十八年

五・十七官符	23	一四七
五・十七官符	24	一五六
五・十七官符	26	一六七
八・二十七官符	23	一四八
八・二十七官符	24	一五六

延暦十九年

四・乙酉条	20	一二九
五・癸丑条	20	一三〇
八・丁亥条	31	二〇〇
九・丁酉条	30	一九一
九・丁酉条	31	二〇〇
九・丁酉条	35	二二七

延暦二十一年

七・十五官符	20	一三一
八・二十七官符	10	五三

延暦二十二年

二・二十官符 13 八二
二・二十官符 30 一九一
二・二十官符 31 二〇〇
二・二十官符 36 二三一

延暦二十四年

十二・七官奏 6 三三
十二・壬寅条 6 三三

大同元年延暦二十五・五・十八改元

正・甲午条 22 一四一
三・二十四官符 31 一九五
三・戊子条 31 一九五
五・丁亥条 3 二六
六・壬寅条 3 二六
閏六・丁丑条 3 二七
八・二十五官符 23 一四四
八・乙酉条 23 一四五
八・二十五官符 24 一五六
十・己丑条 20 一三〇
十一・乙未条 20 一三〇
十一・丙申条 20 一三〇

大同二年

正・十三官符 35 二三五
四・十五官符 36 二三九
四・壬申条 36 二三〇
十二・二十九官符 11 六〇

大同三年

六・六官符 31 二〇〇
六・六官符 32 二〇三
六・六格 32 二〇四
八・三官符 24 一五一
九・庚子条 20 一三〇

大同四年

正・二十六官符 16 一〇一
正・二十六官符 35 二三七
四・三十官符 28・29 一八一
六・丙申条 33 二三三
九・二十七官符 3 一六

弘仁元年大同五・九・十九改元

二・十七官符 30 一八七

三・二十八官符 14 八八
三・戊辰条 14 八八
五・十一官符 33 二三一
五・辛亥条 33 二三三
五・壬子条 33 二三三
六・丙申条 3 二七
九・二十三官符 22 一二七
九・庚申条 22 一二八

弘仁二年

二・十七官符 27 一六九
二・壬午条 27 一七〇
三・乙巳条 8 四二

弘仁三年

二・辛卯条 7 三八
七・癸酉条 21 一三六
九・戊午条 8 四二

弘仁四年

二・戊申条 8 四二
四・十六官符 17 一〇四
九・丙子条 33 二三三

弘仁五年		
七・二十官符	13	八一
九・癸巳条	25	一六三
九・二十二官符	25	一六一
弘仁六年		
十一・甲午条	12	七〇
弘仁七年		
十・辛丑条	8	四二
十一・四官符	18	一一三
十一・四官符	20	一二四
十一・四格	20	一二六
弘仁八年		
九・丙申条	8	四三
弘仁九年		
六・十七官符	12	六九
六・十七格	12	六九
十一・三官符	12	七三

弘仁十年		
五・十六官符	19	一一八
五・二十一官符	38	一四〇
五・二十一格	38	一四三
十二・二十五官符	13	七六
弘仁十一年		
閏正・二十一官符	28・29	一八一
弘仁十三年		
四・十五官符	12	七四
九・癸丑条	8	四三
閏九・二十官符	36	一三一
十一・五勘文	18	一一〇
天長元年弘仁十五・正・朔改元		
九・二官符	37	一三七
九・三官奏	34	一三三
天長二年		
八・十四官符	35	一三七

天長八年		
五・庚申条	33	一二四
承和八年		
十・己巳条	13	八四
承和九年		
正・二十七官符	14	九一
六・九官符	19	一二〇
九・二十二右大臣宣	3	二七
承和十一年		
四・一官符	12	七五
七・二十六官符	11	六五
九・八官符	22	一四二
九・八官符	33	一一四
承和十二年		
九・十官符	19	一一一
承和十四年		
十・十四官符	17	一〇五

嘉祥元年承和十五・六・十三改元			
	三・二十一官符	27	一七三
嘉祥二年			
	閏十二・二十六官符	12	七五
仁寿二年			
	四・二官符	14	九二
斉衡元年仁寿四・十一・三十改元			
	十・一官符	38	二四七
斉衡二年			
	五・十官符	10	五九
	五・十官符	14	九二
	九・二十三官符	14	九四
貞観七年			
	八・十七乙丑条	6	二五〇
貞観八年			
	十二・八官符	24	一五六
貞観九年			
	十二・八己卯条	24	一五七
貞観十年			
	四・二十官符	28・29	一八二
貞観十一年			
	六・二十八官符	33	二一四
貞観十三年			
	十二・五官符	8	四三
貞観十四年			
	八・十官符	17	一〇六
	十・二十六癸亥条	17	一〇七
貞観十五年			
	十二・二十官符	33	二一五
貞観十八年			
	三・九丁亥条	34	二二二
元慶三年			
	十・四庚申条	34	二二二
元慶五年			
	六・九官符	28・29	一八三
元慶八年			
	五・庚申朔条	17	一〇五
寛平三年			
	八・三官符	23	一四九
	八・三官符	24	一五七
寛平九年			
	五・十三官符	24	一五八

あとがき

早稲田大学の大学院で学生諸君と一緒に弘仁格の研究を始めて、早くも十一年目に入った。この演習に最初に参加したのは、牛山佳幸、小市和雄、児島博之、小林茂文、佐藤和彦、真田誠の諸学兄であった。

その時、私はすでに弘仁格に関する小論を発表していたので、躊躇することなく弘仁格の復原的研究を行うことにし、まず民部格から始めた。しかし、最初は研究の方針が定まらず、ある時は注釈的に読むこともあれば、ある時は配列に重点をおいて読むこともあり、私にも学生諸君にも戸惑いがあった。とりわけ、中心になって演習を指導しなければならない私は、ふと解体新書の翻訳の話を思いだすほどであった。格の難しさが最初から十分わかっていたら、弘仁格を演習に使用しなかったと今でも思う。

けれども、だんだんと読んで半年ほどたち、まず格の配列に重点をおき、関連史料を蒐め読んでいくことにしたら、学生諸君も大いに興味をもって積極的に演習に参加してくれるようになった。その後、金鉉球氏や田村憲美・飯沼賢司両氏をはじめ、多くの学生諸君がこの演習に参加した。その人たちの多くは、現在では大学や高校で教鞭を執ったり、博物館に勤務したり、母国に帰り、日本歴史の研究者を養成するため、教え子を次々と日本へ留学させている。

演習では、すでに民部格は一応読み終え、現在は式部上から式部下に入っている。民部格を読み終えたのち、もう一度読み直そうという声があがり、正規の演習とは別に格式研究会という私的な研究会で、もう一度読み直すことになった。

私は、文部省の科学研究費の補助金を申請し、研究費の交付をうけ、主として研究のもととなる写本の紙焼を蒐め、かくして共同の読み直しの成果を出版することにした。しかし、いざ一冊の本としてまとめるには、それなりの苦労があった。分担執筆にともなう調整にも苦労した。そのつたない成果が本書である。従って本書は研究会参加者と私との共同研究の成果であるが、本書の責任はすべて私にある。けれども、本書の刊行にあたっては実質的には研究会参加者の独創的研究によるところ大であり、分担して史料を蒐め、実際に原稿を書き校正をしたのも研究会参加者であるので、解説の最後に分担執筆者の氏名を記すことにした。また、弘仁格民部上の配列は渡部光樹氏が作成したものである。

本書刊行にいたるまでには、私が研究会に出席できない時は小市和雄氏を中心に研究会を運営し、それにともなう実務は初め大林實温氏が、やがて大林氏が帰郷して就職した後は渡部光樹氏が担当した。浅井勝利、尾上陽介、藤原秀之、吉崎誠一の諸君にも校正を手伝ってもらった。

なお、本書の題名については、私は初め『復原弘仁格』関連史料・解説民部上篇とするつもりであったが、諸般の事情を考慮して本書のように改めた。私どもは、これからも研究成果をひき続き出版する予定であるので、今後とも先学のご叱正をお願いする。

また、本書刊行にあたっては、昭和六十三年度文部省科学研究費補助金研究成果公開促進費の交付をうけた。ここに謝意を表する。学術図書出版の困難なとき、快く引受けて下さった吉川弘文館にも厚く御礼申しあげる。

昭和六十三年戊辰九月

福井俊彦

編者略歴
一九三四年　東京に生れる
一九五三年　岡山県立瀬戸高等学校卒業
一九六五年　早稲田大学大学院博士課程退学
現　在　早稲田大学文学部教授

〔著　書〕
『交替式の研究』(一九七八年　吉川弘文館)
『早稲田大学蔵　資料影印叢書古文書集』一(一九八五年　早稲田大学出版部)

弘仁格の復原的研究　民部上篇

平成元年二月十五日　第一刷印刷
平成元年二月二十五日　第一刷発行

編者　福《ふく》井《い》俊《とし》彦《ひこ》

発行者　吉川圭三

発行所　株式会社　吉川弘文館
郵便番号一一三
東京都文京区本郷七丁目二番八号
電話〇三―八一三―九一五一〈代〉
振替口座東京〇―二四四番

印刷＝三秀舎・製本＝宮内製本

弘仁格の復原的研究　民部上篇（オンデマンド版）

Digital Publishing

2018年10月1日　発行

編　者　福井《ふくい》俊彦《としひこ》

発行者　吉川道郎

発行所　株式会社 吉川弘文館
〒113-0033　東京都文京区本郷7丁目2番8号
TEL　03(3813)9151(代表)
URL　http://www.yoshikawa-k.co.jp/

印刷・製本　株式会社 デジタルパブリッシングサービス
URL　http://www.d-pub.co.jp/

福井俊彦（1934～2013）
ISBN978-4-642-72228-5